祥子さん この知恵、いただきます

村上祥子

東京書籍

iwaki

食べる力は生きる力

新しい生活様式が始まり、料理をする機会、時間は以前よりもずっと増えています。

作るのが面倒になっているシニア世代に、育児や仕事に忙しい若い世代に、
ひとり暮らしの人たちにも「カンタン、手をかけなくてもいい。でも、必ず食べる」が実践できるように、
という思いのもとに、この本を世に送り出すことができました。

料理の仕事を始めて50年、培ってきた「体に良い・早・うま・カンタン」を、余すところなく詰め込みました。

人生１００年時代の到来です。

いつまでも誰かがごはんを作ってくれるわけではありません。いつまでも誰かのためにごはんを作れるわけでもありません。

簡単においしく、そして何よりもあなたの心と体の健康を維持するために、ぜひ、本書をご活用ください。

お役に立てたら幸いです。

村上祥子

目次

メジャーカップで1人分 すぐにできます

たんぱく質50g＋野菜100gで 1食分冷凍パックを作ります

※計量単位は１カップ＝200mℓ、大さじ１＝15mℓ、小さじ１＝5mℓです。
※本書では、電子レンジ調理は600Wを基準にした加熱時間を表記しています。

メジャーカップで1人分
すぐにできます

朝起きるとマグカップに水150㎖注ぎ、紅茶のティーバッグを1個加え、ラップはかけずに電子レンジ600Wで2分加熱。ティーバッグを取り出し、冷たい牛乳を100㎖ほど注ぎ、にん玉ジャム（玉ねぎとにんにくで作るジャム）小さじ山盛り1を加えます。1杯飲み干したら、もう1杯いただくのが長年の習慣です。

3人の子どもたちが巣立ち、夫を見送り、1人暮らしになった今、マグカップはミルクティーだけでなく、みそ汁やスープの器、兼調理器具としても活躍します。

マグカップはレンチンしても、取っ手は熱くなりません。「これは便利！」と気がつきました。しかも、シチューやカレーなども1人分がジャストに作れます。食べ過ぎも食べ不足もありません。『徹子の部屋』に出演した際、ビーフシチューをマグカップでレンチンしてお目にかけました。「まるで煮込んだようにできるのね！」と、大好評でした。

その後、キッチンのフックにかけているメジャーカップに目が留まり、1人分レンチン調理に使ってみたところ、大変具合がよいのです。耐熱ガラス製、透明なので加熱の様子が一目でわかる。目盛り付き、底は平らで加熱時間がマグカップに比べると短い、安定感もある……と、いいことずくめ。

2020年、全国の100歳以上の高齢者が初めて8万人を超えました。昨年に比べると9176人増え、人生100年時代がいよいよ現実となりました。100年時代を生きるために大切なのは、なんといっても健康な体と心を保つこと。

必要な栄養を、無理なく、手間をかけずにおいしくとれる「メジャーカップで1人分レシピ」を紹介します！500㎖ほどのマグカップでも作れるので、ぜひ、活用してください。

メジャーカップ（500mlの耐熱ガラス製）
クッキングの利点

①底が平らで円筒形のため熱効率がよい
②外から状態がわかる
③持ち手があって取り出しやすい
④熱効率が高いため対流が起こり、時間短縮できる
※万が一、吹きこぼれたときのために加熱時は無地の耐熱の平皿（直径20cm程度）を敷くとよい。

ビーフシチュー

1人分のビーフシチューを煮込んで作ろうとしても、少量の肉や野菜ではうま味を引き出すのが難しいです。電子レンジなら食材の中まで味がしみるので1人分でもおいしくできます。ひらひらの薄切り肉でも厚さのある肉でもお好みで。

材料 ■ 1人分

牛肉 … 50g
玉ねぎ … ¼個(50g)
にんじん … ⅕本(30g)
じゃがいも … 小½個(50g)
いんげん … 1本
水 … 150mℓ
ビーフシチュールウ
　またはハヤシルウ(刻む) … 大さじ1
温かい発芽玄米ご飯 … 茶碗1杯
こしょう … 少々
エクストラバージンオリーブ油 … 少々

1　牛肉は3cm角に切る。じゃがいもは半分に切り、にんじんは5mm厚さの輪切りに、玉ねぎは1cm幅のくし形切りに、いんげんは3～4個に切る。

2　メジャーカップに水を注ぎ、ルウを入れて混ぜる。

3　牛肉を入れる。

4　野菜を加える。

5　ルウのとろみで吹きこぼれやすいので、ラップはかけずに電子レンジ600Wで8分加熱する。

6　取り出して混ぜたら器に盛る。別皿に発芽玄米を盛り、こしょうをふり、オリーブ油をかけて添える。

チキンのポトフ

いつものポトフが鍋で煮込むより、はるかにおいしく仕上がります。コトコト煮込む手間と時間は必要なし、電子レンジ６分で出来上がり。鶏皮は破裂防止のために切り目を入れます。肉は好みで豚肉や薄切り肉で作っても。

b

材料 ■ 1人分

鶏もも肉 … 50g

A［塩 … 小さじ⅕
　 砂糖 … 小さじ1

じゃがいも … ½個（75g）

キャベツ … 1枚（50g）

水 … 150mℓ

粒マスタード … 少々

1 鶏もも肉は破裂防止に包丁の刃先で皮を３カ所突き（写真a）、半分に切り、Aをふってすり込む。

2 じゃがいもは皮をむいて２等分し、キャベツはひと口大にちぎる。

3 メジャーカップに水を入れ、**1**、**2** を加え（写真b）、ふんわりとラップをかける。

4 電子レンジ600Wで６分加熱する。

5 取り出して器に盛り、粒マスタードを添える。

a

タンメンスープ

肉と野菜の具がたっぷり。先に肉に調味料を絡めるのがポイントです。春雨を加えて熊本のご当地麺・太平燕（タイピンエン）にしてもおいしいです。

材料 ■ 1人分

キャベツ … 1枚（50g）
にんじん（薄切り）… 2枚
もやし … 50g
万能ねぎ … 2本
豚ひき肉 … 50g
A ┌ 鶏がらスープの素（顆粒）… 小さじ¼
　│ 塩 … 小さじ¼
　└ ごま油 … 小さじ1
水 … 150㎖
こしょう … 少々

1　キャベツは4㎝長さの細切り、にんじんは細切り、もやしはざく切り、万能ねぎは3㎝長さに切る。
2　メジャーカップにAを入れ、豚ひき肉を加えて絡め、水を注いで混ぜる。
3　**1**の野菜を加える（写真）。
4　ラップはかけずに電子レンジ600Wで5分加熱する。
5　取り出して全体を混ぜたら器に盛り、こしょうをふる。

ごまたっぷり ピリ辛太平燕《タイピンエン》

材料 ■ 1人分

タンメンスープ … 1人分
小分け春雨 … 3個（24g）
ラー油 … 小さじ½〜1
白炒りごま … 小さじ½

タンメンスープに春雨を加え、電子レンジで6分加熱すると熊本名物春雨麺「太平燕」に。器に盛り、ラー油好みの量をかけて、ごまをふる。

キャベツと豚バラの豆乳スープ

豆乳は具材を加熱して火を通してから加えます。

材料 ■ 1人分

キャベツ … 2枚（100g）
豚バラ薄切り肉 … 50g
コンソメ（顆粒）… 小さじ¼
水 … 100mℓ
豆乳 … 50mℓ
好みで、こしょう … 少々

1 キャベツはひと口大にちぎり、豚肉は2cm幅に切る。
2 メジャーカップにコンソメを入れ、水を注いで混ぜ、キャベツ、豚肉の順に加える（写真）。
3 ラップはかけずに電子レンジ600Wで4分加熱する。
4 取り出して豆乳を加えて混ぜたら器に盛り、こしょうをふる。
※豆乳は温めなくてもよい。

大豆入りミネストローネ

「エッ！ レンジだけで作ったの!?」とみなさんびっくり。

材料 ■ 1人分

小松菜 … 1本（20g）
玉ねぎ … ⅙個（30g）
にんじん … 3㎝（30g）
大豆（水煮）… 50g
A ┌ コンソメ（顆粒）… 小さじ¼
　 │ 塩 … 小さじ¼
　 └ オリーブ油 … 大さじ1
トマトジュース … 150㎖
粉チーズ … 大さじ1

1　小松菜は1㎝幅の小口切り、玉ねぎとにんじんはみじん切りにする。

2　メジャーカップにAを入れ、大豆を入れて絡め、トマトジュースを注いで混ぜたら **1** の野菜を加える（写真）。

3　ラップはかけずに電子レンジ600Wで5分加熱する。

4　取り出して全体を混ぜて器に盛り、粉チーズをふる。

オニオンスープ

玉ねぎには糖やアミノ酸が含まれているので、電子レンジで加熱するときつね色に。

材料 ■ 1人分

玉ねぎ … ½個（100g）
バター … 小さじ2
水 … 150mℓ
コンソメ（顆粒）… 小さじ¼

1 玉ねぎはごく薄切りにし、メジャーカップに入れる（写真a）。

2 ふんわりとラップをかけ、電子レンジ600Wで2分加熱する。

3 取り出してバターを加えて混ぜ（写真b）、ラップをかけ、電子レンジで5分、きつね色になるまで加熱する。

4 水を注ぎ、コンソメを加え（写真c）、ラップはかけずに電子レンジ600Wで2分加熱する。

5 取り出して全体を混ぜたら器に盛る。

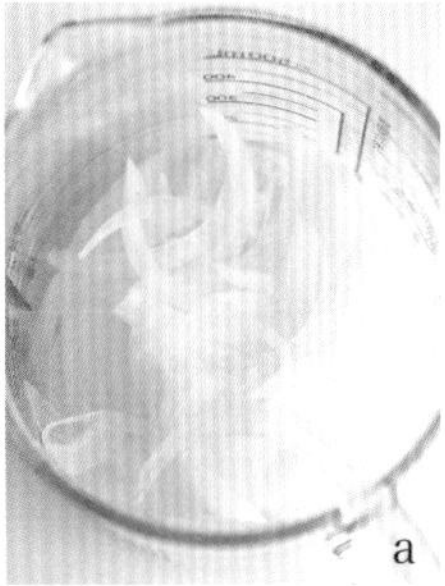

a

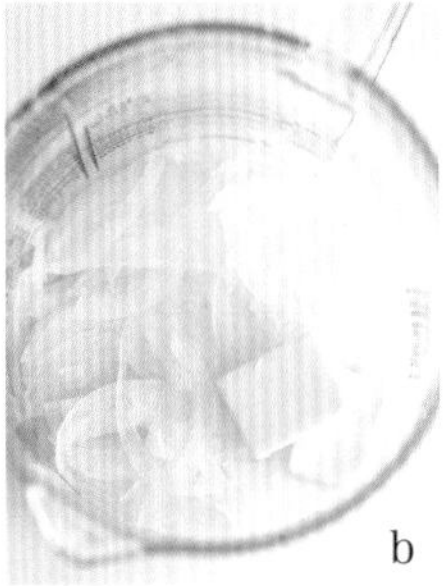

b

c

コーンポタージュスープ

牛乳は吹きこぼれやすいので、汚れ予防のために平皿（直径20㎝程度）を敷いてレンチンがおすすめ。

材料 ■ 1人分

クリームコーン（缶）… 100g
牛乳 … 100mℓ
A［コンソメ（顆粒）… 小さじ¼
　 バター … 大さじ1
エクストラバージン
　オリーブ油 … 少々

1　メジャーカップにAを入れ、クリームコーンと牛乳を加えて混ぜる（写真）。

2　ラップはかけずに電子レンジ600Wで4分加熱する。

3　取り出して全体を混ぜて器に盛り、オリーブ油をたらす。

茶碗蒸し

ここ20年間、国内で製造された電子レンジの庫内には放電防止剤が塗布されていて、金属を加熱してもチカチカすることは、まずありません。

材料 ■ 1人分

卵 … 1個

A
- 水 … 100㎖
- 白だし … 小さじ1
- しょうゆ … 小さじ½

しめじ（石づきを取ってほぐす）… 20g

かまぼこ … 2切れ

三つ葉（1㎝長さに切る）… ½本分

すだちの輪切り … 1枚

1 ボウルに卵を割り入れてほぐし、Aを加えて混ぜる。

2 茶碗蒸し用の器や湯飲みなどに**1**を注ぎ、しめじとかまぼこを加え、ラップをぴったりとかける。

3 アルミホイルを10㎝四方に切り（アルミのお弁当用おかずケースでも可）、器にかぶせて押さえ、器の縁の形をつける。中央を直径4㎝くらいに丸く切り抜き、ラップの上にかぶせる（写真）。

4 電子レンジ600Wで1分30秒にタイマーをセットし、加熱して1分20秒くらいたったらドアを開けてラップの上からのぞいてみる。卵液がゆるいときはさらに残り時間の10秒を加熱する。

5 すぐに取り出し、三つ葉をのせ、すだちを添える。

※20年以上前の電子レンジや外国産のレンジの場合は、放電防止剤が塗布されていないこともあるので、ティッシュペーパーを四つ折りにして水に浸し、作り方3の最後にそれをかぶせてから電子レンジで加熱するとチカチカしません。

山菜おこわ

デパ地下ではいつでも人気。おこわもメジャーカップで作るので思い立ったらすぐに1人分。

材料 ■ 1人分

もち米 … ½合（75g）

A
- 水 … 100㎖
- めんつゆ（3倍濃縮）… 小さじ1

山菜（水煮）… 50g

1 もち米は水洗いして水けをきり、メジャーカップに入れ、Aを加えて混ぜ、山菜をのせる。

2 山菜に直に張り付けるように、表面をラップで覆う（写真）。

3 電子レンジ600Wで3分30秒〜4分加熱する。沸騰してきたらすぐ、弱（150〜200W、または解凍キー）に切り替えて12分加熱する。

4 取り出して全体を混ぜたら器に盛る。

ポークカレー

鍋で煮込むよりずっと時短なのは、
食材や水に均一にマイクロ波が当たるからです。

材料 ■ 1人分

豚薄切り肉 … 50g
玉ねぎ … 1/6個 (30g)
にんじん … 3cm (30g)
じゃがいも … 小1/3個 (40g)
水 … 150mℓ
カレールウ (刻む) … 大さじ2
温かいご飯 … 茶碗1杯

1　豚肉は2～3cm長さ、野菜は1.5～2cm角に切る。

2　メジャーカップに水とカレールウを入れて軽く混ぜ、**1**を加える (写真)。

3　ラップはかけずに電子レンジ600Wで8分加熱する。

4　取り出して全体を混ぜ、ご飯とともに器に盛る。

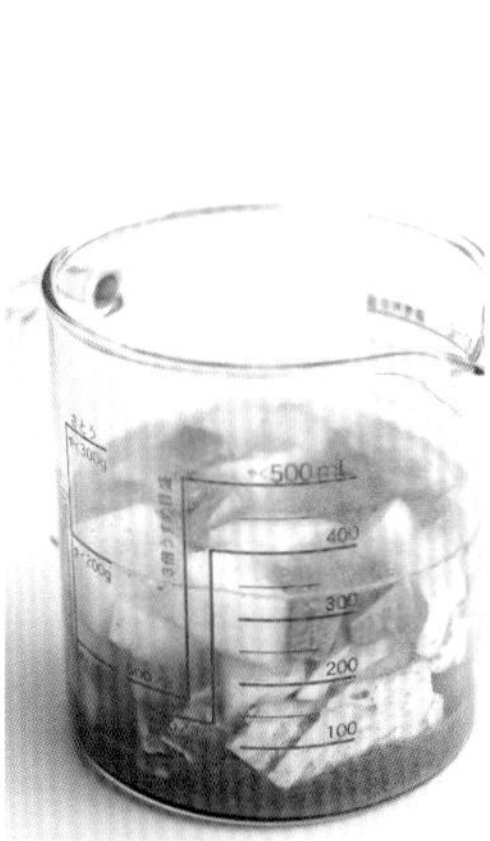

ドライカレー

鶏ひき肉でも豚や合いびき肉でもお好みのひき肉で、
いつでも食べたいときにどうぞ。

材料 ■ 1人分

ピーマン … 1個(30g)
玉ねぎ … 1/6個(30g)
鶏ひき肉 … 100g
A［カレールウ(刻む) … 大さじ1
　 水 … 大さじ2
ご飯 … 茶碗1杯

1　ピーマンと玉ねぎはみじん切りにする。

2　メジャーカップにAを入れ、鶏ひき肉と**1**を加えて混ぜたら、ご飯をのせる(写真)。

3　ふんわりとラップをかけ、電子レンジ600Wで5分加熱する。

4　取り出して全体を混ぜたら器に盛る。

チーズリゾット

追いチーズをたっぷり。黒こしょうがアクセント。

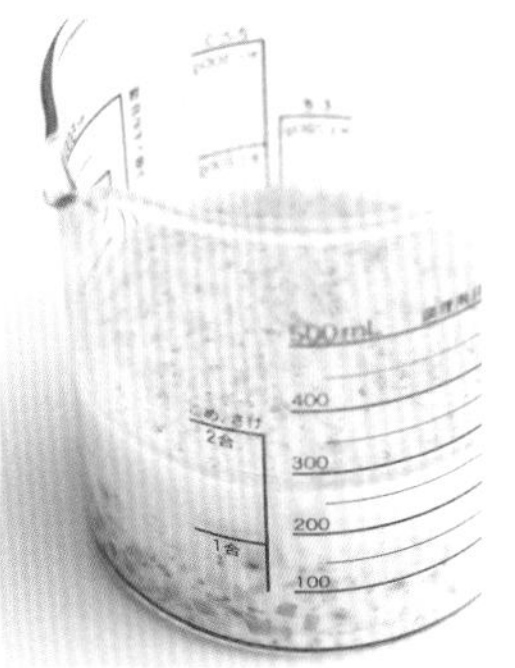

材料 ■ 1人分

ベーコン（みじん切り）… 1枚分
牛乳 … 150mℓ
ご飯 … 茶碗½杯
グリーンピース（水煮）… 50g
A ┌ コンソメ（顆粒）… 小さじ¼
A │ にんにく（チューブ）… 少々
A └ オリーブ油 … 大さじ1
粉チーズ … 大さじ2
パルメザンチーズ … 適量
黒こしょう … 少々
エクストラバージンオリーブ油 … 小さじ1

1 メジャーカップにAを入れ、ベーコンを加えて混ぜ、牛乳を注ぎ、ご飯とグリーンピースを加える（写真）。

2 ラップはかけずに電子レンジ600Wで3分加熱する。

3 沸騰してきたら電子レンジ弱（150～200W、または解凍キー）に切り替え、5分加熱する。

4 取り出して粉チーズを加えて混ぜ、器に盛る。

5 パルメザンチーズをすりおろしてかけ、こしょうをふり、オリーブ油をたらす。

チキンライス

①調味料とご飯を混ぜる②具材とバターをのせる
③レンジでチンの3ステップで完成。

材料 ■ 1人分

小松菜 … 30g
玉ねぎ … ⅙個(30g)
鶏こま肉 … 50g
ご飯 … 茶碗1杯
A［トマトケチャップ … 大さじ1
　 チキンコンソメ(顆粒) … 小さじ¼
バター … 大さじ1

1　小松菜と玉ねぎは、細かいみじん切りにする。
2　メジャーカップにAを入れ、鶏肉と**1**を加えて混ぜ、ご飯を加え、バターをのせる（写真）。
3　ふんわりとラップをかけ、電子レンジ600Wで5分加熱する。
4　取り出して全体を混ぜたら器に盛る。

REX
HOTEL

麻婆豆腐丼

市販の麻婆豆腐の素を使っても
自分で調味しても。

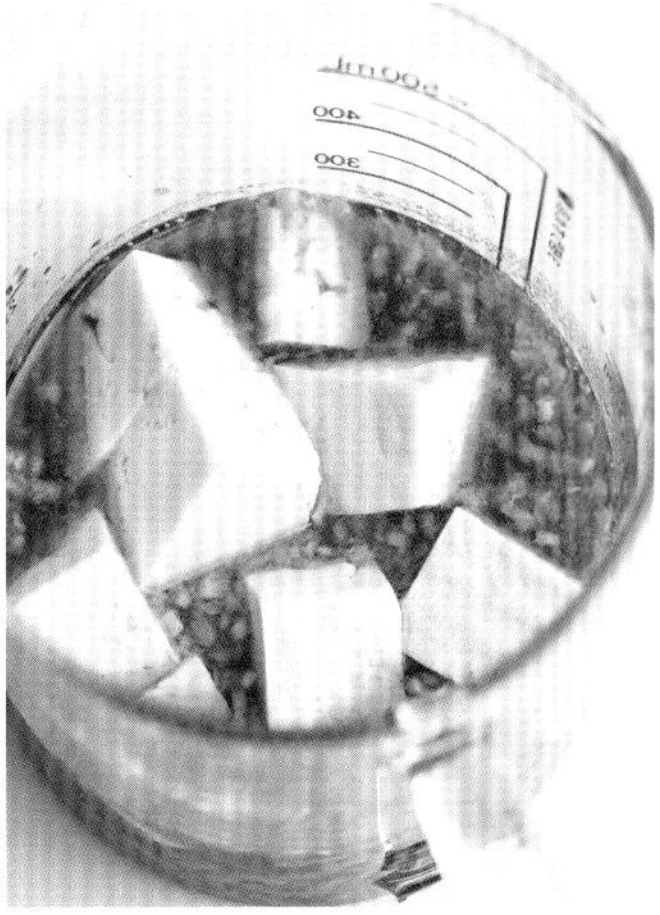

材料 ■ 1人分

A*
- おろしにんにく … 小さじ¼
- 長ねぎの白い部分（みじん切り）… 5cm分
- おろししょうが … 小さじ¼
- しょうゆ … 大さじ1
- 砂糖 … 大さじ1
- ごま油 … 小さじ1
- 豆板醤 … 小さじ¼
- 片栗粉 … 小さじ1

熱湯 … ½カップ
豚ひき肉 … 50g
木綿豆腐 … 100g
温かいご飯 … 茶碗1杯

＊ A は市販の麻婆豆腐の素 50g を使用してもよい。

1　メジャーカップにAを入れ、熱湯を注ぎ、とろみがつくまで混ぜる。
2　ひき肉を加えてよくほぐし、2.5cm角に切った豆腐を加える（写真）。
3　ふんわりとラップをかけ、電子レンジ 600W で 3 分加熱する。
4　取り出して混ぜ、皿に盛ったご飯にかける。あればパクチーを添える。

チャーハン

焼き豚と野沢菜漬けを刻むだけ。
あとはメジャーカップとレンジにおまかせ。

材料 ■ 1人分

焼き豚 … 薄切り3枚分
野沢菜漬け … 大さじ2

A
- めんつゆ（3倍濃縮）… 大さじ1
- こしょう … 少々
- ごま油 … 小さじ1

ご飯 … 茶碗1杯

1　焼き豚と野沢菜漬けはみじん切りにする。
2　メジャーカップに Aを入れ、**1** を加えて混ぜる。
3　ご飯を加え（写真）、ふんわりとラップをかけ、電子レンジ 600W で 3 分 30 秒加熱する。
4　取り出して全体を混ぜたら器に盛る。

電子レンジだからこそできる簡単でおいしい料理があります

電子レンジを50年間使って試行錯誤しながら、カロリー、塩分、油分控えめでもおいしいレシピを作ってきました。

電子レンジは食品の重さがわかれば、必ずおいしく仕上げてくれる調理器具です。ゆでる、蒸す、煮る、煮込む、炊く、そして、ソテーや揚げものもできるのです。温め直しにしか使わないのは、これから孤食が進む一方の日本ではもったいないと思います。

ただ電子レンジは自分の勘で使うと、大変なことになります。加熱不足はまだいいのですが、加熱しすぎると、ご飯、芋、餅はカチカチに、肉や魚は焦げてしまい、ときにはパシッと亀裂が入ってはじけ飛んだり……、昔の私のようにさんざんな目に遭います。

電子レンジは内側が金属で覆われた箱の中で、電磁波（マイクロ波）をマグネトロンで飛ばして加熱調理するという、従来のコンロとは全く違う原理で加熱します。鍋調理のように水は加えず、食材に含まれる水分を蒸気に替えて火を通すので、食材のうま味も香りもそのまま残るのです。調味料を控えても素材の持つ素直な味においしくできます。

私が電子レンジの研究を始めたのは、糖尿病を予防、改善する食事のためでした。食材の量は減らさず、カロリーを抑えて、従来の日本人になじみの料理を作るのが目標でした。

電子レンジを使えば、油なしで肉じゃがやカレーもおいしくできます。簡単で洗い物も少なくてすみます。電子レンジ料理は手抜きといわれたり、電磁波が心配と否定的な時代もありましたが、近年は火事の心配がなく、1人分の料理がおいしくできると注目を集めています。

この章では、じつは鍋で作るより電子レンジを使った方がはるかにおいしくできる料理をご紹介します。

浸水、蒸らし0分、わずか20分で米1合をボウルで炊く

白米、玄米、七分づき米のいずれも15・5%の水分を含んでいます。水を加えて電子レンジで加熱すると、米に含まれる水分と加えた水の両方に電磁波が吸収され、ダブルで加熱されます。そのため炊飯の常識、水に浸けておく時間は不要。米を洗ったらすぐに炊けます。そして、炊き上がったら蒸らし時間も必要ありません。わずか20分足らずでご飯が出来ます。

米を1合炊く場合、耐熱ボウルは直径21～22㎝がちょうどよいサイズです。吹きこぼれないように、ラップは両サイド5㎜ずつぐらい開けてかけるのがポイントです。

材料 ■ 2人分

米 … 1合

水 … 250mℓ

1　米は洗ってざるに上げる。

2　直径22㎝の耐熱ボウルに**1**を入れ、水を入れる。

3　両端を5㎜ほど開けてラップをする。

4　電子レンジ600Wで5分加熱する。沸騰したら、電子レンジ弱（150～200Wまたは解凍キー）に切り替え、12分加熱する。

5　加熱が終わったら取り出す。蒸気が熱いので、ラップははさみで切ると安全。

6　蒸らし時間は必要ないのですぐにザックリと混ぜる。

食べたいときに20分ですぐご飯！

1人暮らしの私は、
1合炊いたら1食分ずつに分けて冷凍します。

包んで！チンで！アクアパッツァ

一尾魚に貝やオリーブ、トマト、ローズマリーなどを加えて、オーブンで40分~1時間、蒸し焼きするアクアパッツァ。切り身魚で電子レンジを使えば、1人分でもふっくらと出来上がります。蒸し料理は電子レンジの得意分野です。

a

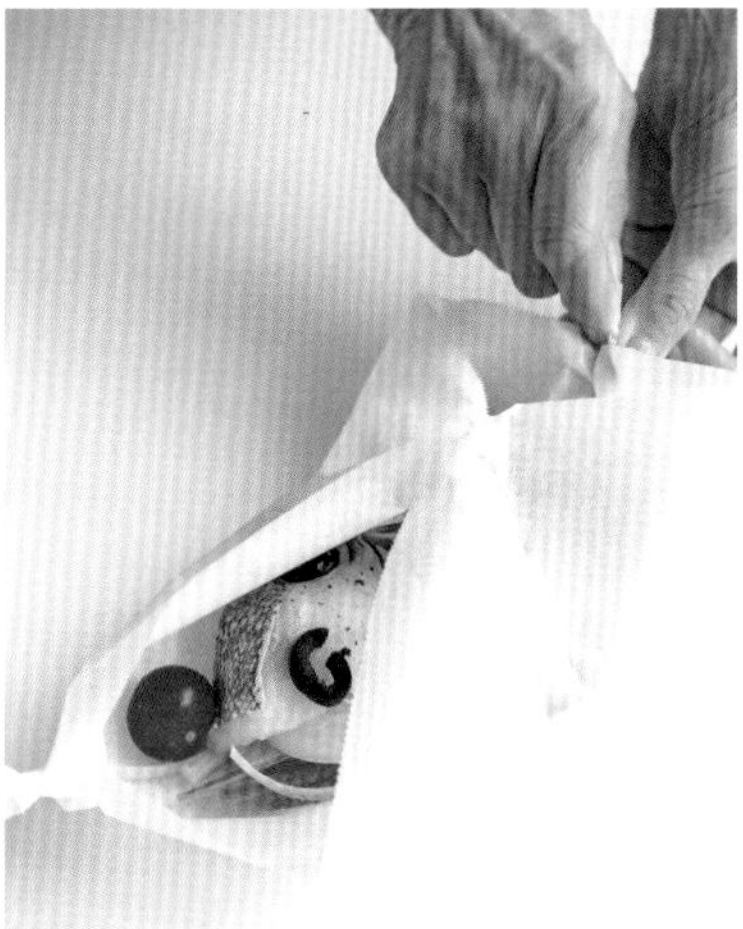

b

c

材料 ■ 2人分

にんじん … 小½本（50g）
玉ねぎ … ½個（100g）
セロリ … 10㎝（20g）
ミニトマト … 100g
たら＊ … 4切れ（約240g）
塩、こしょう … 各少々
黒オリーブ（種なし／輪切り）… 10個
ローズマリー … 2本
エクストラバージンオリーブ油 … 大さじ1
レモン（半月切り）… 2切れ
＊かじき、金目鯛、鯛、すずきなどでもよい

1 にんじんは5㎝長さの短冊切り、玉ねぎは薄切り、セロリの茎は5㎝長さの薄切りに、葉は2㎝幅に切る。ミニトマトはヘタを取る。

2 約22㎝四方にカットしたクッキングシート2枚を用意し、それぞれの中央ににんじん、玉ねぎ、セロリを半量ずつ置き、上にたら2切れずつをのせ、塩、こしょうをふる。ミニトマト、黒オリーブ、ローズマリーをのせ、オリーブ油をかける（写真a）。

3 クッキングシートの対角を持ち上げて中央でねじり、さらに両端をねじってボート形にする（写真b）。

4 耐熱皿にのせ（写真c）、電子レンジ600Wで8分加熱する。

5 取り出して器にのせ、レモンを添える。

煮魚を2種

子持ちかれいの煮付け

子持ちかれいを鍋で煮ていた頃、
卵を取り出して切り身と一緒に煮て火を通して
お腹に戻したり、と苦労しました。
今は電子レンジで身も卵もふっくら。
皮に1本、深く切り目を入れて破裂防止を。

材料 ■ 2人分

子持ちかれい … 2切れ (250g)
長ねぎの白い部分 … 5cm分
A しょうゆ … 大さじ2
A 砂糖 … 大さじ2
A 酒 … 大さじ2
木の芽 … 2枚

1 かれいは盛り付けたとき表になる方の皮に破裂防止のため、縦に1本骨に届くまで切り込みを入れる。
2 長ねぎは皮に縦に切り目を入れ、芯を除き、平らにして繊維に沿ってせん切りにし、水に放してざるに上げて白髪ねぎにする。
3 耐熱ボウルにAを入れて砂糖が溶けるまで混ぜ、**1**を盛り付けたとき表になる方を上にして2切れ置き、スプーンで全体に調味料をかける。
4 ふんわりとラップをかけ、電子レンジ600Wで5分加熱する。
5 取り出して器に盛り、煮汁をかけ、**2**の白髪ねぎと手でパンッとたたいた木の芽をのせる。

さばとピーマンのみそ煮

「エッ、サバにピーマン!?」と、みなさんびっくり。
でもピーマンはみそと相性がいいのと
食べられる落としぶた代わりにいつも添えています。
電子レンジは一瞬にして火を通すので、
さば特有の臭みが出ないのに煮込んだように味がしみます。

a

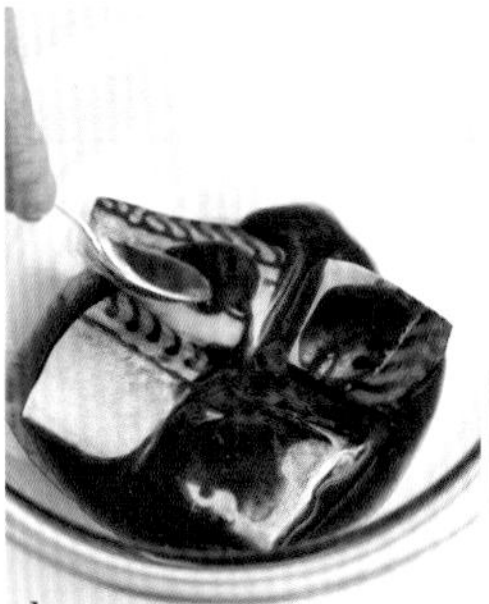
b

c

材料 ■ 2人分

さば (甘塩/三枚おろし)
… 半身1枚 (140g)
赤パプリカ … ½個 (70g)
ピーマン … 2個 (60g)
長ねぎの白い部分
… 1本分 (50g)
A みそ … 大さじ2
A 砂糖 … 大さじ2
A 酒 … 大さじ2

1 さばは中骨がついていれば取り、縦に1本、皮に切り目を入れ、4つに切る (写真a)。
2 パプリカとピーマンは種とワタを除き、乱切りにする。長ねぎは2cm長さに切る。
3 耐熱容器にAを入れて混ぜ、さばの皮を上にして置き、スプーンでAをすくってかける (写真b)。
4 **2**をのせ (写真c)、ふんわりとラップをかけ、電子レンジ600Wで5分加熱する。
5 取り出して器に盛る。

貝で2種

シンプルあさりバター

貝は電子レンジで加熱するとふっくら出来上がります。
はまぐりでもムール貝でも同じように作れます。
殻付き重量１００ｇにつき、
電子レンジ６００Ｗで2分を目安に加熱を。

材料 ■ 2人分

あさり（殻付き／砂出ししたもの）
… 300g
バター … 大さじ2

1　あさりは貝同士をこすり合わせて水洗いし、ざるに上げる。
2　耐熱ボウルに**1**を入れ、バター半量の大さじ1をのせ、ふんわりとラップをかける。
3　電子レンジ600Wで6分加熱し、あさりの口が全部開いたことを確かめて取り出す。器に盛り、残りのバターをのせる。

保存もできる かきのアヒージョ

かきはたんぱく質を10%近くも含み、旬になると
グリコーゲンが5%近くまで増え、良質のエネルギー源。
もうひとついいことに、ビタミンB_{12}を含むので
認知症予防にも効果大です。
冷蔵すれば5日間保存もできます。

材料 ■ 2人分

生かき … 200g
ブラウンマッシュルーム
… 4個
スナップえんどう … 4本
A ┌ にんにく（皮付き）… 1片
　│ 赤唐辛子（種を除く）… 1本
　└ ローリエ … 1枚
塩 … 少々
エクストラバージンオリーブ油
… 大さじ4
バゲット（幅1cmの輪切り）… 適量

1　かきはざるに入れ、塩水の中でふり洗いし、水をきる。マッシュルームは半分に切り、スナップえんどうは筋を取る。
2　耐熱ボウルにかきを入れ、破裂防止にはさみで表面に1カ所ずつ切り込みを入れる（写真）。
3　Aとブラウンマッシュルーム、スナップえんどうを加え、ふんわりとラップをかけ、電子レンジ600Wで5分加熱する。
4　取り出して塩をふり、オリーブ油をかけ、器に盛ってバゲットを添える。うま味の出たオリーブ油にパンを浸していただくとおいしい。

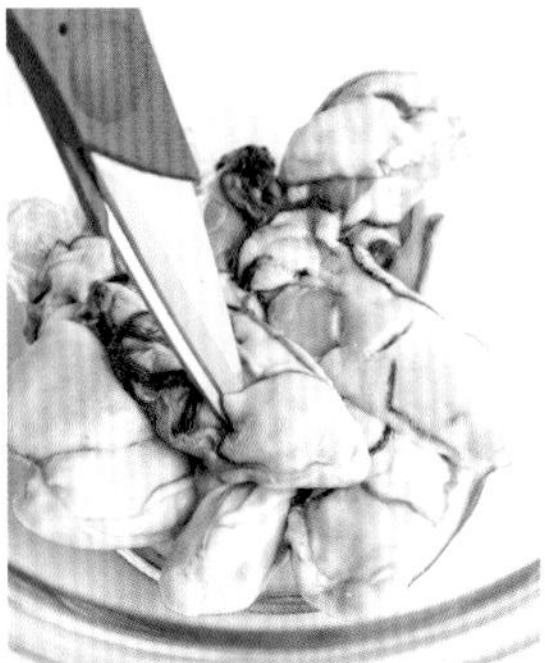

5分の加熱でできるローストビーフ

電子レンジのマイクロ波は水分より先に塩分に集まります。そこで、牛かたまり肉に塩をふり、レンチンすると外はしっかり火が通り、中はレアに仕上がります。アルミホイルに包んで寝かせれば、ローストビーフ。氷の上にのせて冷やすと、牛肉のたたきに。

材料 ■ 2人分

牛ももかたまり肉（5㎝角棒状）… 300g
塩 … 小さじ⅔
黒こしょう … 少々
ガーリックパウダー … 小さじ½
オリーブ油 … 大さじ1
ハヤシルウ（刻む）… 大さじ1
水 … 大さじ4
ウスターソース … 大さじ1
トレビス … 適量

1　牛肉は30分ほど室温においておき、加熱直前にペーパータオルで水分を取る（写真a）。
2　耐熱ボウルにオリーブ油を入れ、牛肉に絡めたら、塩、こしょう、ガーリックパウダーをふってまぶす（写真b）。
3　時間をおかず、すぐにラップをかけずに電子レンジ600Wで2分加熱する（写真c）。
4　すぐに取り出して肉の上下を返し、再び電子レンジ600Wで1分加熱する。
5　すぐに取り出してアルミホイルで包み、室温でそのまま30分ほど蒸らす（写真d）。
6　耐熱ボウルにハヤシルウと水を入れ、電子レンジで1分加熱し、ウスターソースを加えて混ぜ、ソースを作る。
7　**5**を1㎝幅に切り、皿に盛り、トレビスの葉を一枚ずつはがして**6**とともに添える。

c

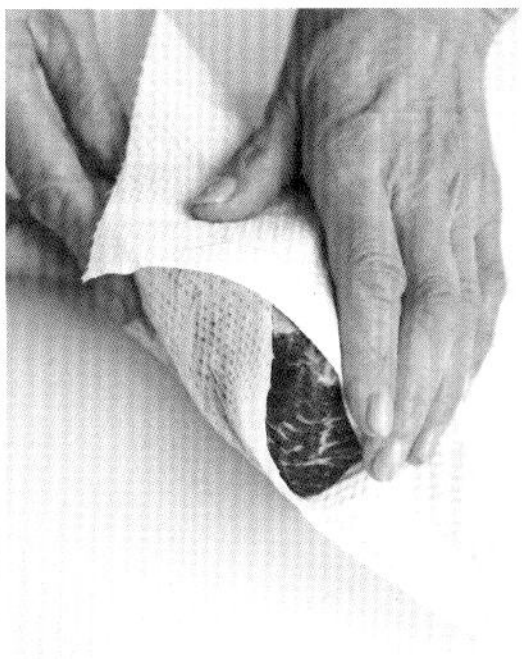
a

d

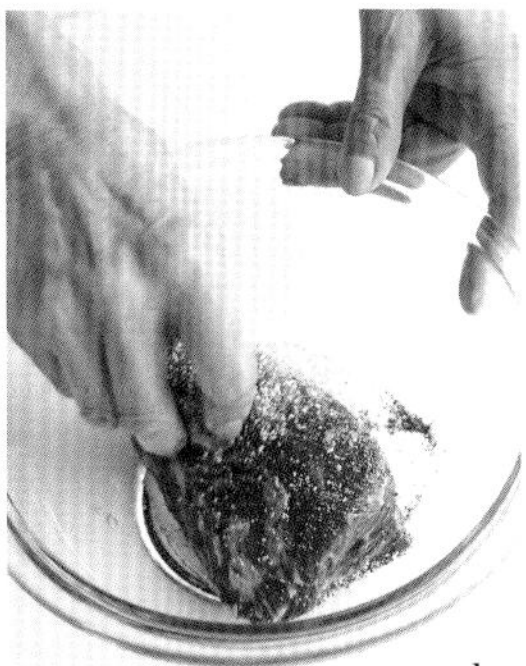
b

バゲットサンド

材料 ■ 1人分

バゲット … 15㎝
粒入りマスタード … 小さじ2
ローストビーフ（薄切り）… 7〜8枚
ブルーチーズ … 40g

バゲットに切り込みを入れ、マスタードを塗る。ローストビーフは、2つ折りにして、ブルーチーズとともにはさむ。

煮物を2種

味がしみしみ ひき肉豆腐

片栗粉を加えたたれを熱湯で溶き、とろみをつけ、ひき肉を加えてほぐすと油いらず。炒めたように仕上がり、カロリーダウンに。動物性と植物性のたんぱく質が同時に摂れる理想のひと品。

a

b

材料 ■ 2人分

パプリカ（赤）… ½個（80g）
玉ねぎ … ½個（100g）
牛ひき肉 … 100g
A
- しょうゆ … 大さじ2
- 砂糖 … 大さじ2
- 酒 … 大さじ2
- 片栗粉 … 小さじ1

熱湯 … ½カップ
木綿豆腐（半分に切る）… 350g
万能ねぎの小口切り … 2本分

1 パプリカは種とへたを除き、玉ねぎとともにみじん切りにする。
2 耐熱ボウルにAを入れ、熱湯を注いで混ぜ、牛ひき肉を加えてほぐす（写真a）。
3 1と豆腐を加える（写真b）。
4 ふんわりとラップをかけ、電子レンジ600Wで10分加熱する。
5 取り出して器に盛り、万能ねぎを散らす。

時短こってり肉じゃが

牛肉にしょうゆと砂糖をからめて加熱すると、マイクロ波が集中的に当たり、メイラード（アミノカルボニル）反応が起こります。牛肉に炒めたような色と香りがついておいしいマジックが実現。その上しっかり味がしみることに。

材料 ■ 2人分

じゃがいも … 2個（300g）
にんじん … 小½本（50g）
玉ねぎ … ½個（100g）
しらたき … 50g
さやいんげん … 4本
牛薄切り肉 … 100g
A
- おろししょうが … 小さじ½
- しょうゆ … 大さじ2
- 砂糖 … 大さじ2
- 酒 … 大さじ2

1 じゃがいもとにんじんは乱切り、玉ねぎは1cm幅のくし形切り、しらたきとさやいんげんは3cm長さに切る。牛肉は5cm長さに切る。
2 耐熱ボウルにAを入れ、牛肉を加えてほぐしながら絡める。上にしらたきと野菜をのせ、ふんわりとラップをかける（写真）。
3 電子レンジ600Wで15分、じゃがいもに竹串がスーッと通るようになるまで加熱し、取り出して全体を混ぜる。

ジューシー鶏照り焼き

鶏もも肉は脂が気になる人もいますが、レンジ調理では30％も脂が抜け落ちます。だけどふっくらジューシー、焦げることもありません。

材料 ■ 2人分

鶏もも肉 … 1枚（300g）

A
- しょうゆ … 大さじ1½
- 砂糖 … 大さじ1½
- 片栗粉 … 小さじ1

トマト … 小1個

パクチーの葉 … 1本分

1 鶏肉は破裂防止に、包丁の先で皮を5〜6カ所ほど突く（写真a）。

2 耐熱ボウルにAを入れて混ぜ、**1**を加えて両面に絡め、皮を下にして置く（写真b）。

3 ふんわりとラップをかけ、電子レンジ600Wで6分加熱する（写真c）。

4 取り出して鶏肉を返し、ボウルにたまった脂を除き、残ったたれを鶏皮にかけ、2〜3分おいて粗熱を取る（写真d）。

5 食べやすく切って器に盛り、くし形に切ったトマトとパクチーを添える。

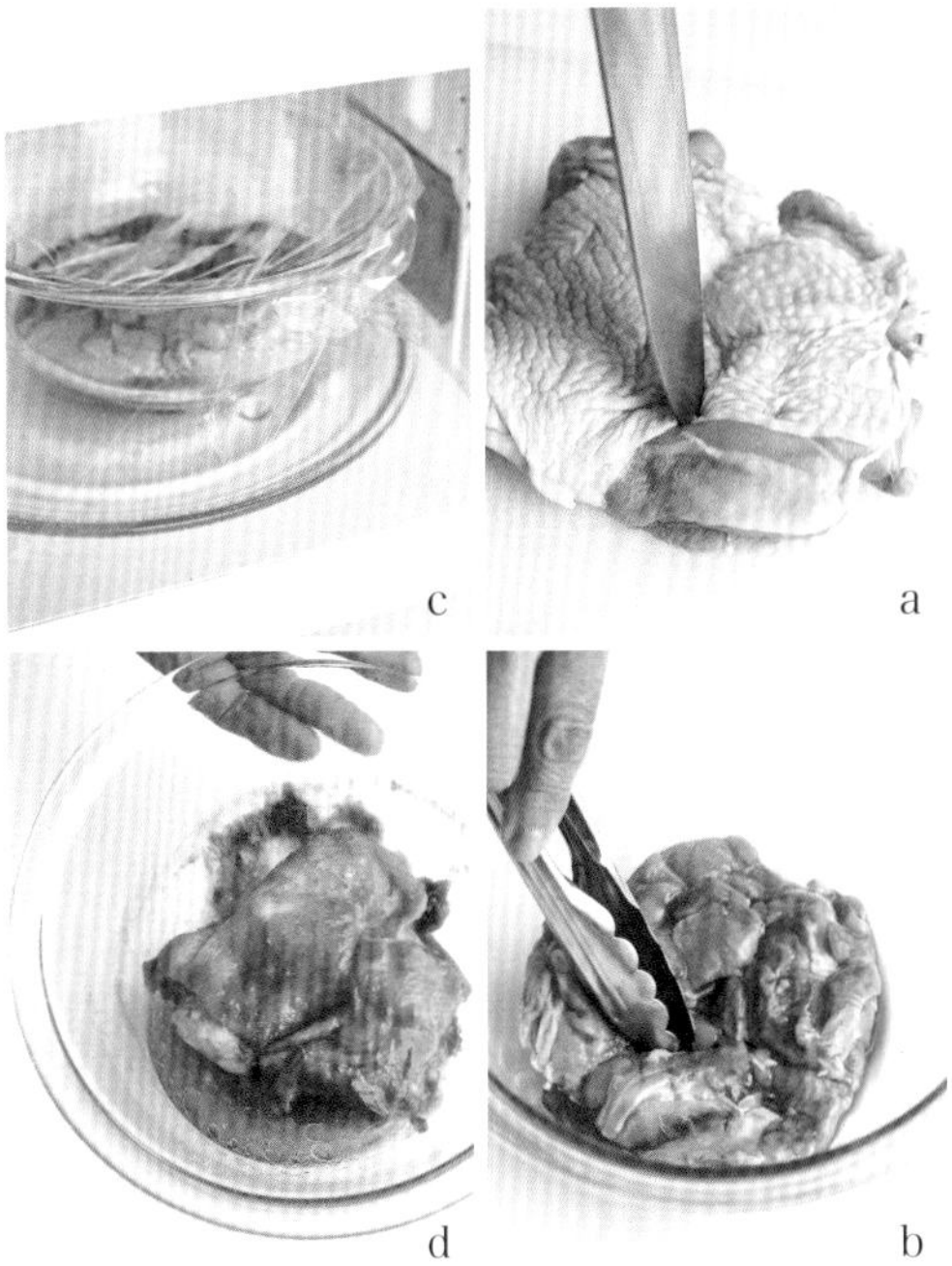

鶏照り焼き丼

材料 ■ 2人分

鶏照り焼き … 1枚

キャベツ … 200g

A
- 酢 … 小さじ1
- ごま油 … 小さじ1
- 砂糖 … 小さじ1
- 塩 … 小さじ¼
- こしょう … 少々

温かいご飯 … 茶碗2杯

キャベツはひと口大にちぎり、耐熱容器に入れ、ラップはかけずに電子レンジ600Wで1分加熱してAで調味する。丼にご飯を盛り、ひと口大に切った照り焼きとキャベツをのせ、あれば塩水漬けの実山椒を散らす。

あると便利なサラダチキン

鶏むね肉にはイミダゾールジペプチドという3つのアミノ酸が結合したたんぱく質が含まれていて、体内に入ると筋肉増強や疲労回復に働きます。塩水に浸けてからチン。これでパサつかず、ふっくらジューシーになります。ゆで汁に浸けたまま冷蔵で5日、冷凍で2カ月保存できます。

材料 ■ 出来上がり280g
鶏むね肉（皮なし）
　… 2枚（1枚約200g×2枚）
水 … 1½カップ
塩 … 小さじ1
長ねぎの青い部分
　（8cm長さ）… 4本
しょうがの薄切り … 4枚

1　耐熱ボウルに水を入れ、塩を加えて溶かし、鶏肉、長ねぎ、しょうがを加え、ふんわりとラップをかけ、電子レンジ600Wで10分加熱する。途中で一度上下を返す。
2　取り出して常温まで冷ます。
3　ふた付き容器や保存用ビニール袋にむね肉を入れ、ゆで汁をこして注ぐ。

にらもやし鶏そば

材料 ■ 1人分
もやし … 100g
にら … 50g
即席中華麺 … 1パック
水 … 300mℓ
中華麺スープ … 1パック
サラダチキン … 50g
こしょう … 少々

1　もやしは水に放してざるに上げ、ひげ根を取る。にらは3cm長さに切る。
2　耐熱ボウルに水と中華麺スープを入れ、中華麺と**1**を加え、ふんわりとラップをかけ、電子レンジ600Wで5分加熱する。※鍋で煮てもよい。
3　丼に**2**を盛り、5cm幅に切って手で裂いたサラダチキンをのせ、こしょうをふる。

棒《バン》棒《バン》鶏《ジー》

材料 ■ 2人分

サラダチキン … 100g
レタス … 2枚
きゅうり … 1本
A
- マヨネーズ … 大さじ2
- 酢 … 大さじ1
- 練りごま … 大さじ1
- みそ … 小さじ1
- 砂糖 … 小さじ1
- ラー油 … 小さじ1

白炒りごま … 少々

1　サラダチキンをまな板に置き、ラップをかぶせ、めん棒でたたいてほぐし、5cm幅に切って手で裂く。

2　レタスは4cm長さのせん切り、きゅうりは皮を縞目にむき小さめの乱切りにする。

3　器に **1** と **2** を盛り、合わせたAをかけ、ごまをふる。

チキンサンド

材料 ■ 2人分

サラダチキン … 100g
トマト … 小1個
きゅうり … ½本
ドッグパン … 2個
バター … 小さじ2
マヨネーズ … 大さじ2

1　サラダチキンは薄切りにする。トマトはへたを取って3mm幅の輪切りに、きゅうりもへたを落とし、縦に2mm幅の薄切りにする。

2　パンに切り込みを入れ、バターを塗り、**1** をはさみ、マヨネーズを絞る。

色鮮やかなラタトゥイユ

ラタトゥイユは地中海沿岸地方のおふくろの味。水を一滴も入れないでオリーブ油だけで蒸し煮にします。10分も加熱しているのに形が崩れず、色も鮮やかなのは電子レンジのマジック。

b

a

材料 ■ 2人分

野菜 … 合計400gにする。
好みの野菜でよい。

A
- ズッキーニ … 1本(100g)
- なす … 1本(100g)
- 赤ピーマン … 1個(50g)
- ピーマン … 1個(50g)
- ミニトマト … 100g

オリーブの塩水漬け … 10個
ローリエ … 1枚
塩 … 小さじ½
こしょう … 少々
オリーブ油 … 大さじ1

1　ズッキーニとなすは皮を縞目にむき、2cm幅の輪切りにする。ピーマンは種を取り除いて1cm幅の輪切りにする。ミニトマトはへたを取り除く。

2　耐熱ボウルに**1**を入れ、オリーブ、ローリエ、塩、こしょう、オリーブ油を加える。

3　クッキングシートをかぶせ、落しぶた代わりに小皿をのせる（写真a）。

4　ふんわりとラップをかけ（写真b）、電子レンジ600Wで10分加熱する。

5　取り出して全体を上下に返すように混ぜて、器に盛る。

ヘルシーパスタ

材料 ■ 2人分

リガトーニ（マカロニ、ペンネ、フリッジ、スパゲッティなど好みのパスタ／乾麺）… 100g
ラタトゥイユ … 200g
エクストラバージンオリーブ油 … 大さじ1
こしょう … 少々

ボウルにラタトゥイユとオリーブ油を入れ、表示通りにゆでたパスタを加えてよく混ぜる。器に盛り、こしょうをふる。

なすで2種

なすを切ると変色するのは、なす特有のポリフェノール・オキシダーゼという酵素の作用。水に浸けるのは、この酸素を遮断して変色を防止するためです。切っても切らなくても、なすを色美しく仕上げるには高温調理なのですが、電子レンジはオキシダーゼを一発でノックダウンして失活させます。つまりきれいな色に、しかもとろとろに出来上がります。

つゆだくなすの煮物

材料 ■ 2人分

なす … 4本（正味300g）

牛ひき肉 … 100g

A
- おろししょうが … 小さじ½
- みそ … 大さじ2
- 砂糖 … 大さじ2
- 片栗粉 … 小さじ1

熱湯 … 1カップ

1　なすはへたを落とし、3cm幅の輪切りにする。

2　耐熱ボウルにAを入れ、熱湯を加えてとろみがつくまで混ぜ、牛ひき肉を加え、さらに混ぜてほぐす。

3　**2**に**1**を加え、ふんわりとラップをかけ、電子レンジ600Wで10分加熱する。

4　取り出して混ぜ、器に盛る。

翡《ひ》翠《すい》なすのベトナム風

材料 ■ 2人分

なす … 4本（正味300g）

A
- 湯 … 大さじ3
- 砂糖 … 大さじ1
- ナンプラー、または薄口しょうゆ … 大さじ1
- レモン汁 … 大さじ1
- おろしにんにく … 小さじ½
- 赤唐辛子のみじん切り … 少々

万能ねぎの小口切り … 適量

1　なすはへたを落としてピーラーで皮をむき、水でぬらし、塩少々（分量外）をつけて手の平でこする（写真a）。

2　2本ずつラップに包む（写真b）。

3　耐熱ボウルに入れ（写真c）、電子レンジ600Wで6分加熱する。

4　すぐに取り出してそのまま水に取って粗熱を取る。ラップを外し、箸で1cm幅に裂き、食べやすい長さに切る。

5　器に**4**を盛り、Aを混ぜ合わせてかけ、万能ねぎを散らす。

c

b

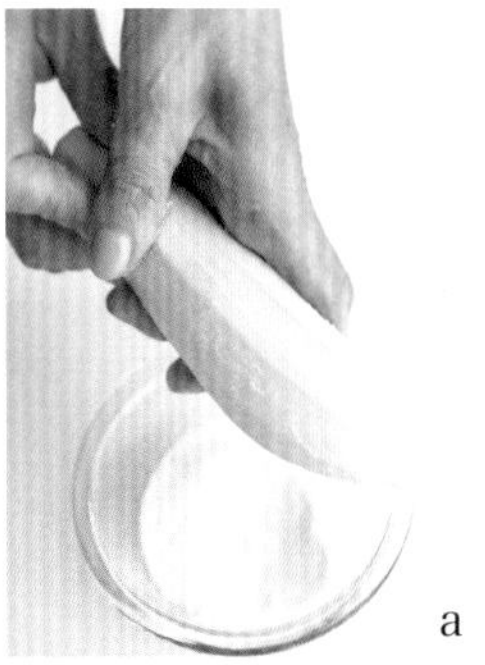
a

あきないおかず

青菜のおひたし

レンジから出したらすぐ、冷水に浸けて変色するのを防ぎます。これで、抗酸化作用が高いファイトケミカル・クロロフィルの健康効果をキープできます。

材料 ■ 2人分

ほうれん草
(小松菜、チンゲンサイ、タァサイ、水菜、三つ葉、にらなどでもよい)
　… 200g

A［しょうゆ … 小さじ2
　 みりん … 小さじ1

削り節 … 小1パック (2.5〜3g)

1　ほうれん草はポリ袋に入れ、口は閉じずに耐熱皿にのせ（写真)、電子レンジ600Wで4分加熱する。

2　すぐに取り出して水に取って冷まして絞り、1.5〜2cm長さに切る。葉の部分は幅広なのでさらに縦に1cm幅に切る。

※ギュッとしっかり絞らず、いくらか水けを残して絞る。後でほうれん草のうま味と削り節が出合って倍のおいしさに。

3　ボウルに入れ、Aを加えて混ぜ、削り節も加えて混ぜ、器に盛る。

かぼちゃの甘煮

電子レンジでかぼちゃを加熱するときは、水を加えないので対流が起こらず煮崩れしません。皮は硬く実は軟らかいので、耐熱ボウルに皮を張り付けるように並べます。これで均一に熱が通ります。

材料 ■ 作りやすい分量

かぼちゃ … ½個 (正味400g)

砂糖 … 大さじ4

1　かぼちゃはワタと種を除き、12個に切って皮をところどころむく。

2　耐熱ボウルにかぼちゃの皮側を張り付けるように並べる（写真)。

3　砂糖をふりかけ、ふんわりとラップをかけ、電子レンジ600Wで8分、竹串を刺してみてスーッと通るまで加熱する。硬い場合はさらに電子レンジで1分加熱して軟らかくする。

4　取り出して熱いうちにかぼちゃを裏返して皮のつやを出し、粗熱を取り、器に盛る。

■冷蔵で5日、冷凍で1カ月保存できる。

■冷凍かぼちゃでも同様にできる。

丸ごと玉ねぎ

玉ねぎは生の重量で一日50g以上の摂取が望ましいといわれますが、生で食べ続けるのは限界があります。電子レンジ加熱すると健康成分は減らず、辛味が消えて食べやすくなります。玉ねぎはよく知られている血液サラサラ効果はもちろんのこと、腸まで届き善玉菌のえさとなるオリゴ糖をたっぷり含みます。玉ねぎを加熱すると甘くなるのはオリゴ糖のおかげ。

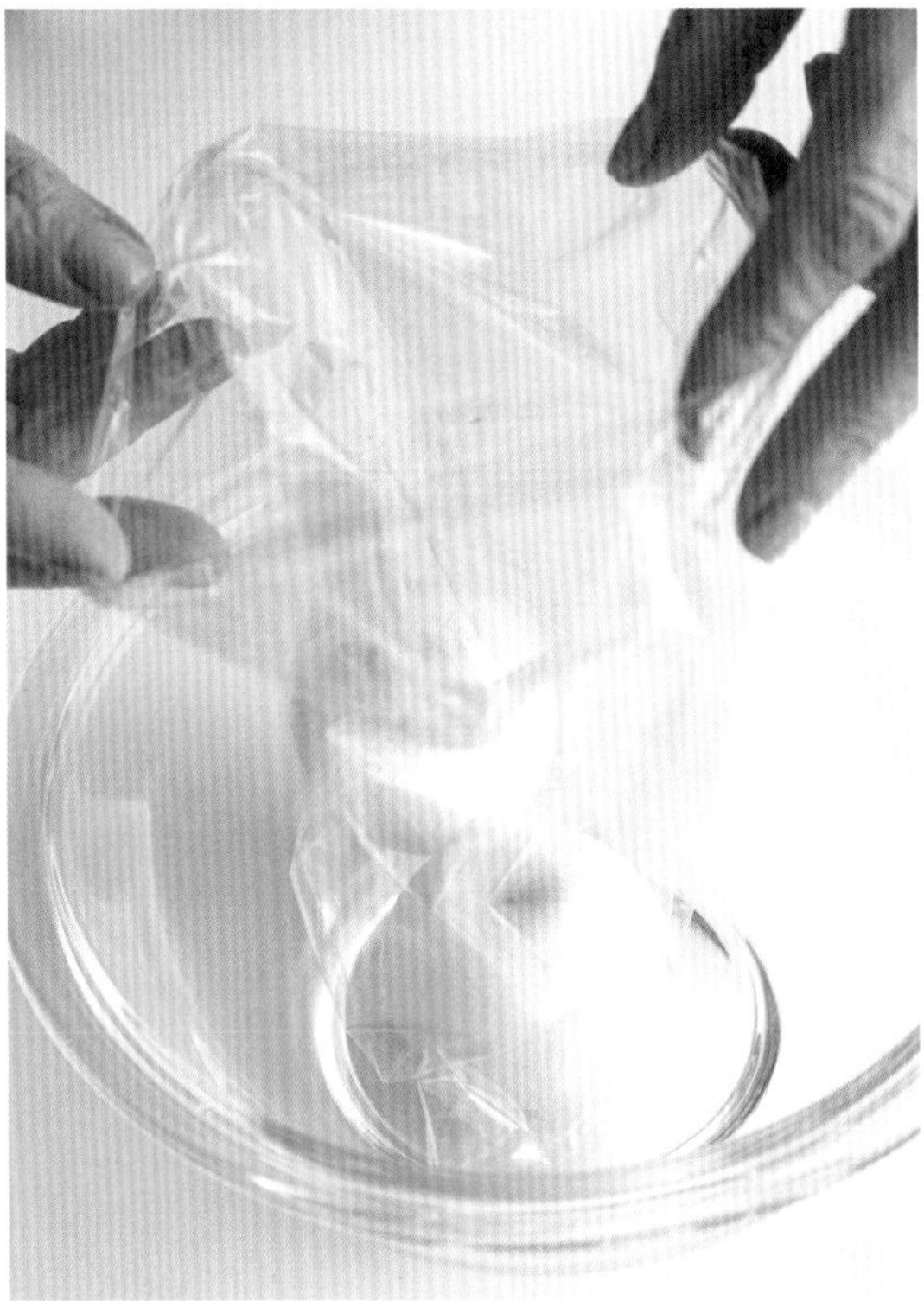

1　玉ねぎ（小ぶりのもの）は皮をむいてポリ袋に入れ、口は閉じずに耐熱皿か耐熱ボウルに入れる（写真）。

2　電子レンジ600Wで100gにつき2分ずつ加熱する。200gなら4分。

■玉ねぎを丸ごと煮て中まで火を通そうとすると時間がかかるが、電子レンジなら簡単。調理しておけば、このままサラダに入れたり、付け合わせなどにもできる。

オニオンスープ

材料 ■ 2人分

丸ごと玉ねぎ … 小2個
鶏がらスープの素（顆粒）… 小さじ½
水 … 240mℓ
しょうゆ … 小さじ½
こしょう … 少々

丸ごと玉ねぎを作り、汁ごと鍋に移して鶏がらスープを加え、水を注ぎ、火にかける。煮立ってきたら、しょうゆで味を調える。器に盛り、こしょうをふる。

揚げびたし風

材料 ■ 2人分

丸ごと玉ねぎ … 小2個
さやいんげん（筋を取る）… 50g
A
- 湯 … ½カップ
- 和風だしの素（顆粒）… 小さじ¼
- みりん … 大さじ1
- しょうゆ … 大さじ1
- サラダ油 … 大さじ1

ボウルにAを合わせ、丸ごと玉ねぎを作り半分に切ってサッとゆがいたさやいんげんとともに浸し、冷めるまでおく。

いつでも甘味に りんごのコンポート

りんごにはりんごポリフェノールと呼ばれる抗酸化作用の高い成分がたっぷり。アンチエイジング効果が期待できます。古くから「一日一個のりんごは医者を遠ざける」と称えられてきた果物です。コンポートにして食後やおやつにりんごをどうぞ。冷蔵で1週間保存ができます。

材料 ■ 2人分

りんご（紅玉）… 1個（正味200g）

砂糖 … 40g

レモン汁 … 大さじ1

1　りんごは4等分し、種と芯を除く。皮の赤色が美しいときはそのまま、そうでないときは皮をところどころむいて使う。

2　耐熱ボウルに**1**を入れ、砂糖をのせ、レモン汁をかける（写真a）。

3　クッキングシートをじかにかぶせ、小皿を置き（写真b）、ふんわりとラップをかけ、電子レンジ600Wで4分加熱する。

4　すぐに取り出しラップを外す。器にりんごのコンポートを盛り、ボウルに残ったシロップを添える。

a

b

デザートプレート

材料 ■ 2人分

ワッフル（市販品）… 2個

バニラアイスクリーム … 50g

りんごのコンポート … 2切れ

チョコレートシロップ（市販品）… 大さじ1

ミントの葉 … 少々

器にワッフルを盛り、アイスクリームと半分に切ったコンポートを2つずつのせ、チョコレートシロップをかけ、ミントの葉を添える。

たんぱく質50g＋野菜１００gで1食分冷凍パックを作ります

「ちゃんと食べて、ちゃんと生きる」は、私のモットーです。6年前、夫を見送り、1人暮らしになったとき、1人分の栄養バランスがとれた食事を毎日とることの難しさを痛感。３６５日、1日3食、食べることが大変なのです。

「何とか食事の時間がきたらすぐ食べられるようにできないものか?」と考えて生まれたのが、「凍ったまますぐ使える1食分冷凍パック」です。

肉、魚、卵、豆などのたんぱく質食材50gに、野菜１００gを生のまま食べやすいサイズに切って、ジッパー付き保存袋に詰めて冷凍しておきます。使うときは凍ったままマグカップや耐熱メジャーカップ、耐熱容器などに移します。水１２０mℓと液みそ大さじ1を加え、電子レンジ６００Wで6分チン。これで一人分のみそ汁が完成。ご飯と納豆1パックを添えれば、栄養満点の朝食です。週末に余った野菜や肉、魚などで10〜12パックを冷凍しています。このとき1週間で自分が使い切る量だけを作ること。私が1週間分21パックにしないのは、昼はスタジオのまかないご飯だったり、ときには外食をすることもあるからです。

そしてたんぱく質食材50gと野菜１００gは計量すること。でも、これで安心してはいけません。一回の食事でたんぱく質食材50gでは、日本人の成人1人分には不足なのです。

２０１1年まで成人に必要なたんぱく質量は体重1kgあたり1gと定められていましたが、研究が進み、人間は50歳を過ぎると筋肉の分解の速度が速まることがわかり、体重1kgあたり1.5〜1.6gに修正されています。例えば、体重50kgの人なら75gのたんぱく質が必要です。

ここで頭に入れておきたいのは、たんぱく質75gは肉や魚75gではありません。牛赤身肉１００gを食べても、とれるたんぱく質は20g程度です。1回の食事でまずはこの冷凍パックで50g、プラスして肉、魚、乳製品、大豆製品などたんぱく質食材を加え、合わせて1食で１００gとれば、一日の目標たんぱく質75gをほぼカバーできることになります。

調味料を入れるタイミングは
それぞれありますが、
次の3ステップが
基本の使い方です。

あさり
＋
キャベツ
＋
ミニトマト

■ あさり 殻があるので100g　■ キャベツ＋ミニトマト 合わせて100g

ミニトマトは
へたを取る。

キャベツは
4～5㎝角にちぎる。

あさりは
生のまま冷凍。

※近年、冷凍室のフリージング機能が向上しているので、
野菜は生のまま冷凍します。

ステップ・1

耐熱ボウルに冷凍パックの中身を移す。

ステップ・2

ふんわりとラップをかける。

ステップ・3

電子レンジで必要時間加熱する。

炒め物

1　耐熱ボウルに冷凍パックの中身を移し、ふんわりとラップをかけ、電子レンジ600Wで4分加熱する。

2　取り出してオリーブ油小さじ1、塩、こしょう各少々をふって混ぜ、器に盛る。

うどん

1　耐熱ボウルに冷凍パックの中身を移し、ふんわりとラップをかけ、電子レンジ600Wで4分加熱する。

2　即席カップ麺（うどん）に熱湯を注ぎ、表示時間通りにおいて、丼に移す。

3　**2**に**1**をのせる。

※うどんは乾麺や冷凍麺で作ってもよい。
その際は麺つゆでつゆを作る。

スープ

1　耐熱ボウルに冷凍パックの中身を移し、水120㎖を注ぎ、ふんわりとラップをかける。

2　電子レンジ600Wで5分加熱したら、取り出して器に盛る。

※あさりからの塩分で調味は必要ない。

甘塩鮭
＋
スナップえんどう
＋
玉ねぎ

■ 甘塩鮭 50g　■ スナップえんどう＋玉ねぎ 合わせて100g

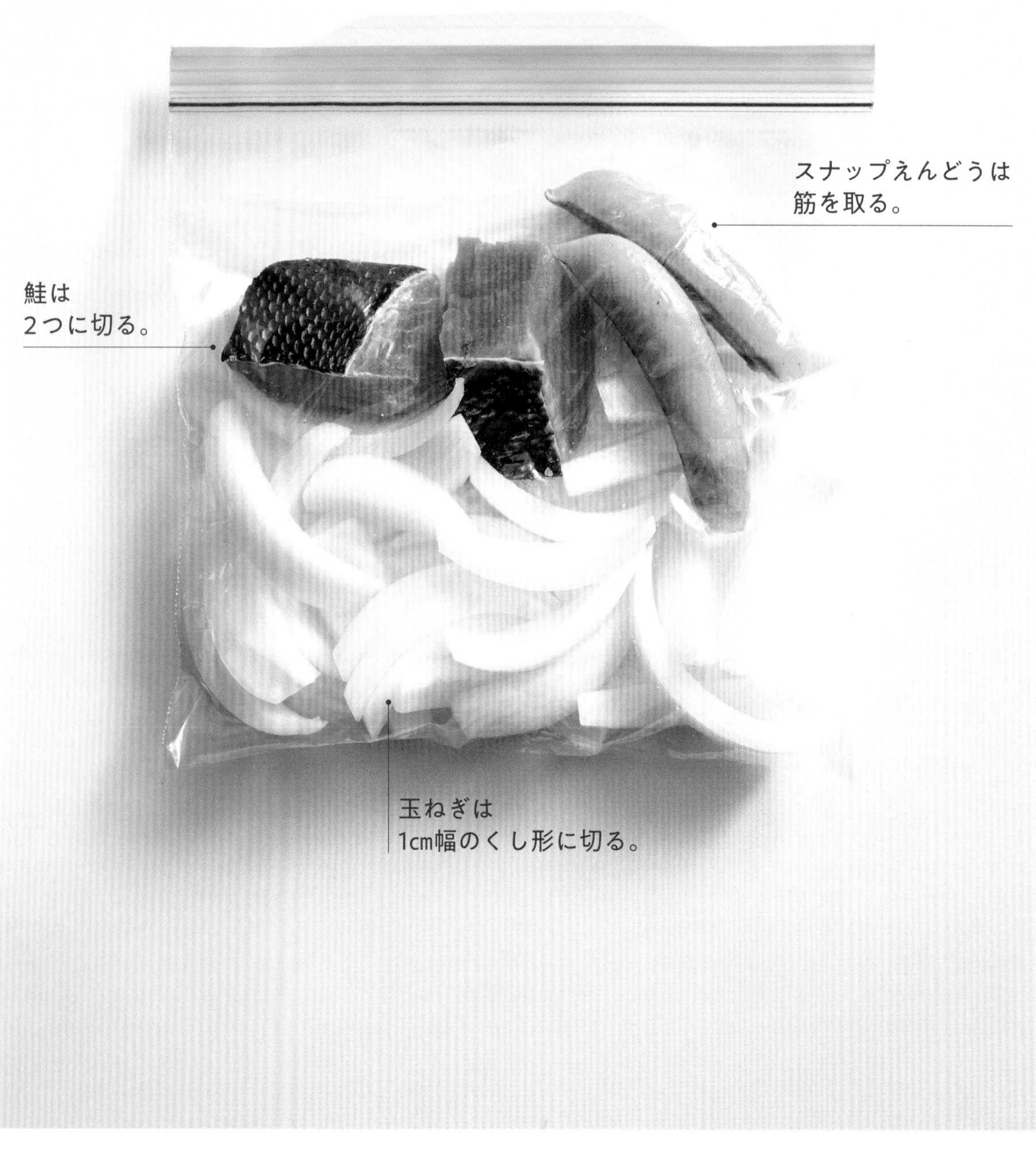

スナップえんどうは
筋を取る。
鮭は
2つに切る。
玉ねぎは
1cm幅のくし形に切る。

煮付け

1　耐熱ボウルにしょうゆとみりん各小さじ２を入れ、鮭を加えて両面にからませ、上にスナップえんどうと玉ねぎをのせる。

2　ふんわりとラップをかけ、電子レンジ 600W で３分加熱したら、取り出して器に盛る。

ピラフ

1　耐熱ボウルに冷凍パックの中身を移し、ご飯を茶碗に軽く１杯分（100g）、バター大さじ１をのせ、電子レンジ 600W で５分加熱する。

2　皿をかぶせてひっくり返して中身を取り出して盛り、こしょう少々をふる。好みでバターを追加しても。

※鮭からの塩分で調味は必要ない。

みそ汁

1　耐熱ボウルに冷凍パックの中身を移し、水 120㎖を注ぎ、液みそ小さじ２を加える。

2　ふんわりとラップをかけ、電子レンジ 600W で５分加熱したら、取り出して器に盛る。

豚ひき肉
＋
もやし
＋
にら

■豚ひき肉50g　■もやし＋にら 合わせて100g

豚ひき肉は
ラップで包む。

もやしは
そのまま。

にらは
4㎝長さに切る。

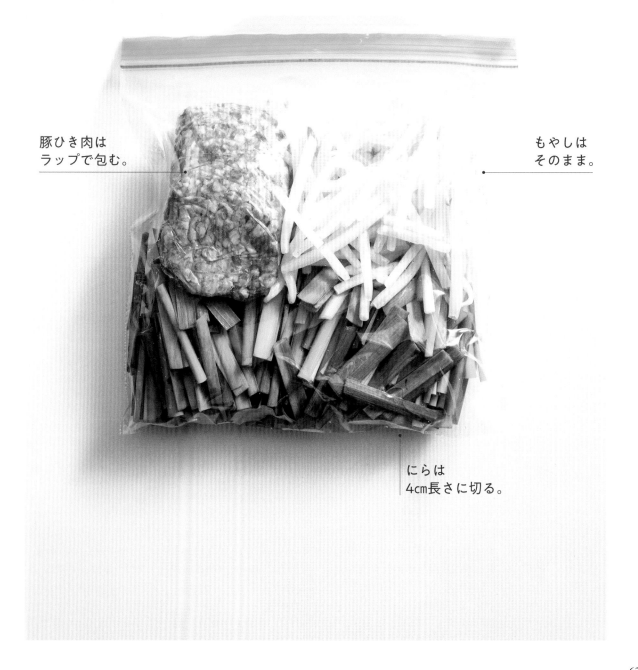

みそ炒め

1　豚ひき肉はラップの外からたたいてほぐす。耐熱ボウルに冷凍パックの中身と豚肉を移し、ふんわりとラップをかけ、電子レンジ 600W で 4 分加熱する。

2　取り出して軽く汁をきり、ごま油と砂糖、液みそ各小さじ 1、好みで一味唐辛子を加えて混ぜ、器に盛る。

もやし丼

1　豚ひき肉はラップの外からたたいてほぐす。耐熱ボウルに冷凍パックの中身と豚肉を移し、ふんわりとラップをかけ、電子レンジ 600W で 4 分加熱する。

2　取り出してポン酢しょうゆ、ごま油各小さじ 1、ラー油少々を加えて混ぜる。

3　丼に温かいご飯 150g を盛り、**2**をのせる。

スープ

1　豚ひき肉はラップの外からたたいてほぐす。耐熱ボウルに冷凍パックの中身と豚肉を移す。水 120mℓを注ぎ、ふんわりとラップをかけ、電子レンジ 600W で 5 分加熱する。

2　取り出して液みそ、しょうゆ各小さじ½、ごま油小さじ 1 を加えて混ぜ、器に盛る。

牛薄切り肉
＋
にんじん
＋
玉ねぎ

■ 牛薄切り肉50g　■ にんじん＋玉ねぎ 合わせて100g

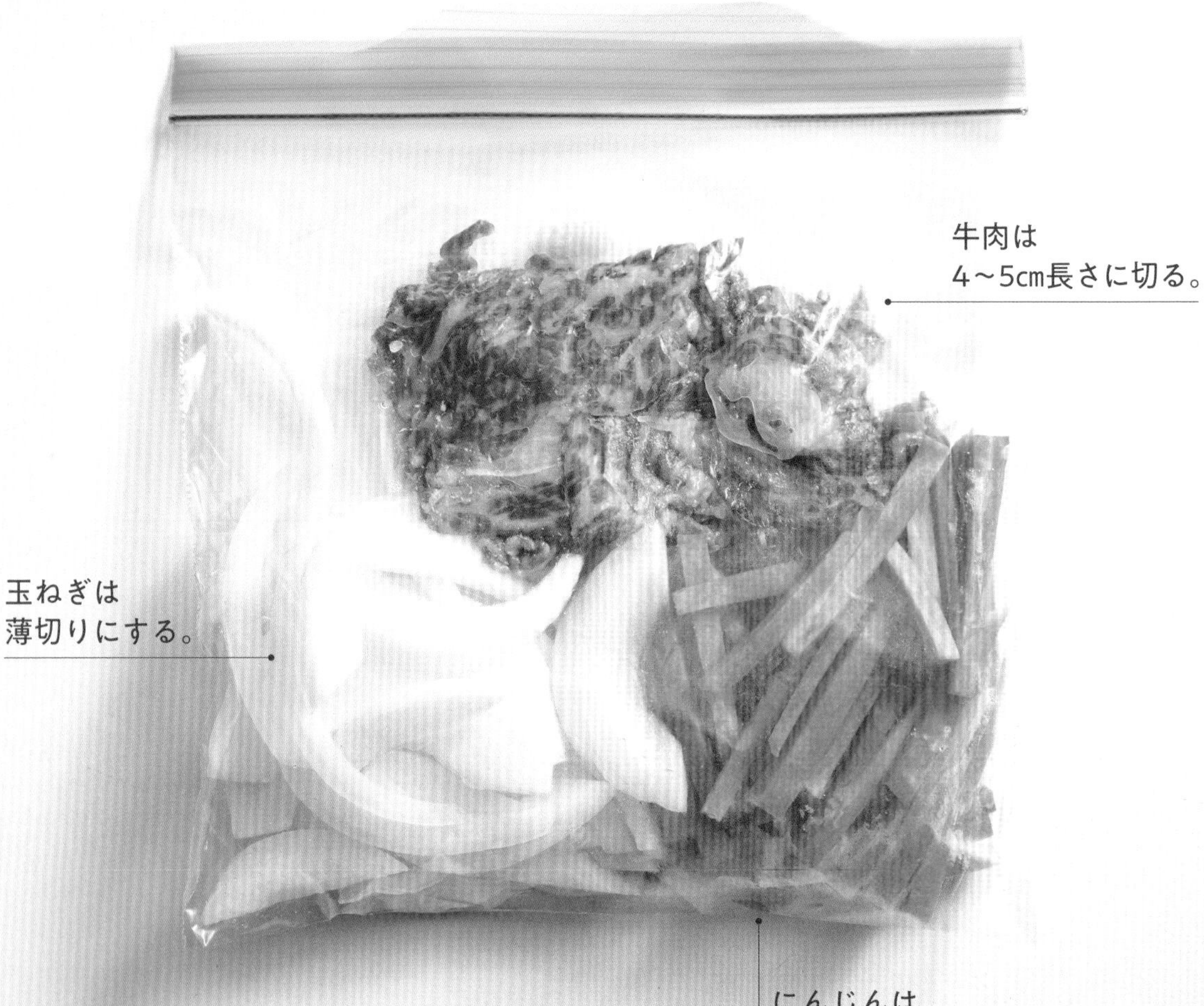
にんじんは
5cm長さのせん切りにする。

きんぴら煮

1　耐熱ボウルに冷凍パックの中身を移し、ふんわりとラップをかけ、電子レンジ600Wで4分加熱する。

2　取り出して、ごま油、しょうゆ、砂糖各小さじ1を加えて混ぜたら器に盛り、白炒りごまをふる。

ビーフストロガノフ

1　耐熱ボウルに熱湯120㎖とハヤシルウ（刻む）大さじ2を入れて溶かし、冷凍パックの中身を入れる。ふんわりとラップをかけ、電子レンジ600Wで5分加熱する。

2　取り出して混ぜ、器に盛った温かいご飯150gにかける。パセリ（乾燥）少々をふる。あれば、コーヒー用クリーム1〜2パックや生クリームをかけると、さらにおいしくなる。

スープ

1　耐熱ボウルに冷凍パックの中身を移し、水120㎖を注ぐ。鶏がらスープの素（顆粒）小さじ¼、しょうゆ、ごま油各小さじ1を加え、ふんわりとラップをかけ、電子レンジ600Wで5分加熱する。

2　取り出して器に盛り、こしょう少々をふる。

豚こま肉
＋
ピーマン
＋
しめじ

■豚こま肉 50g　■ピーマン＋しめじ 合わせて100g

豚肉は
3cm長さに切る。

しめじは
石づきを除いて
ほぐす。

ピーマンは
種を除いて1cm幅の細切り。

チンジャオロース

1　耐熱ボウルに冷凍パックの中身を移し、液みそ大さじ 1、砂糖、ラー油各小さじ 1 を加えて混ぜ、ふんわりとラップをかけ、電子レンジ 600W で 4 分加熱する。

2　取り出して混ぜ、器に盛る。

オイスターソース丼

1　耐熱ボウルに冷凍パックの中身を移し、ふんわりとラップをかけ、電子レンジ 600W で 4 分加熱する。

2　取り出してオイスターソース大さじ 1 を加えて混ぜ、器に盛った温かいご飯 150g にのせる。

焼きそば

1　耐熱ボウルに冷凍パックの中身を移し、ふんわりとラップをかけ、電子レンジ 600W で 4 分加熱する。

2　即席カップ焼きそばに熱湯を注いで表示時間通りにおいて湯を捨て、**1** と添付のソースを加えて混ぜ、器に盛る。紅しょうがと青のりなどがあれば添える。

鶏こま肉
＋
ブロッコリー
＋
ごぼう

■鶏こま肉 50g　■ブロッコリー＋ごぼう 合わせて100g

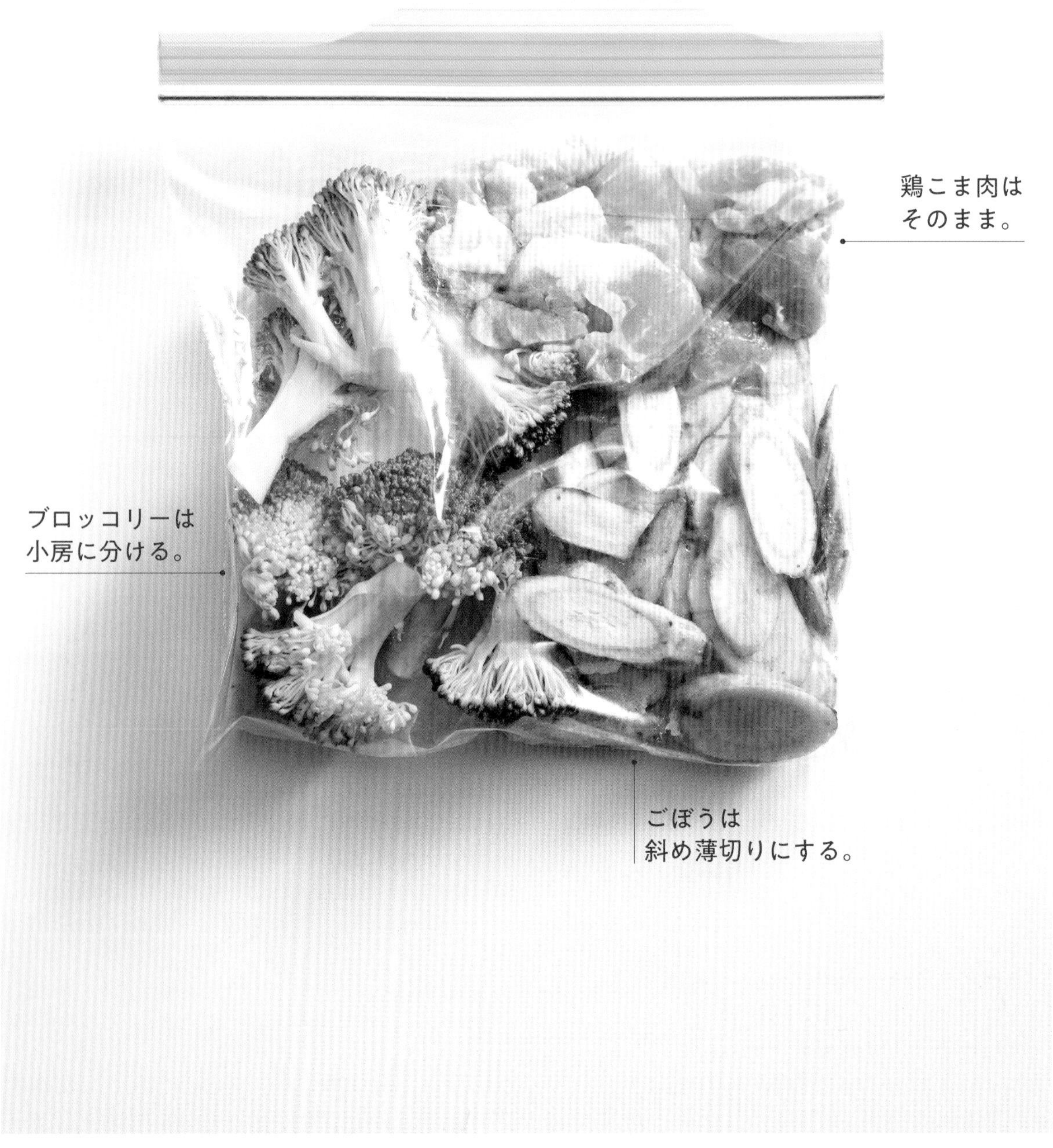

鶏こま肉は
そのまま。
ブロッコリーは
小房に分ける。
ごぼうは
斜め薄切りにする。

イタリアンサラダ

1　耐熱ボウルに冷凍パックの中身を移し、ふんわりとラップをかけ、電子レンジ600Wで4分加熱する。

2　取り出してオリーブ油小さじ1、塩小さじ¼、こしょう少々をかけて混ぜる。器に盛り、レモンのくし形切り1切れを添え、食べるときに搾る。

煮物

1　耐熱容器に冷凍パックの中身を移し、麺つゆ（3倍濃縮）大さじ1とごま油小さじ1を加え、ふんわりとラップをかけ、電子レンジ600Wで4分加熱する。

2　取り出して混ぜ、器に盛る。

さつま汁風

1　耐熱容器に冷凍パックの中身を移し、水120mℓを注ぎ、和風だしの素（顆粒）小さじ¼、しょうゆ小さじ1を加えて混ぜる。

2　ふんわりとラップをかけ、電子レンジ600Wで5分加熱したら取り出して器に盛り、白すりごまをふる。

ベーコン
＋
にんじん
＋
しいたけ

■ベーコン50g　■にんじん＋しいたけ 合わせて100g

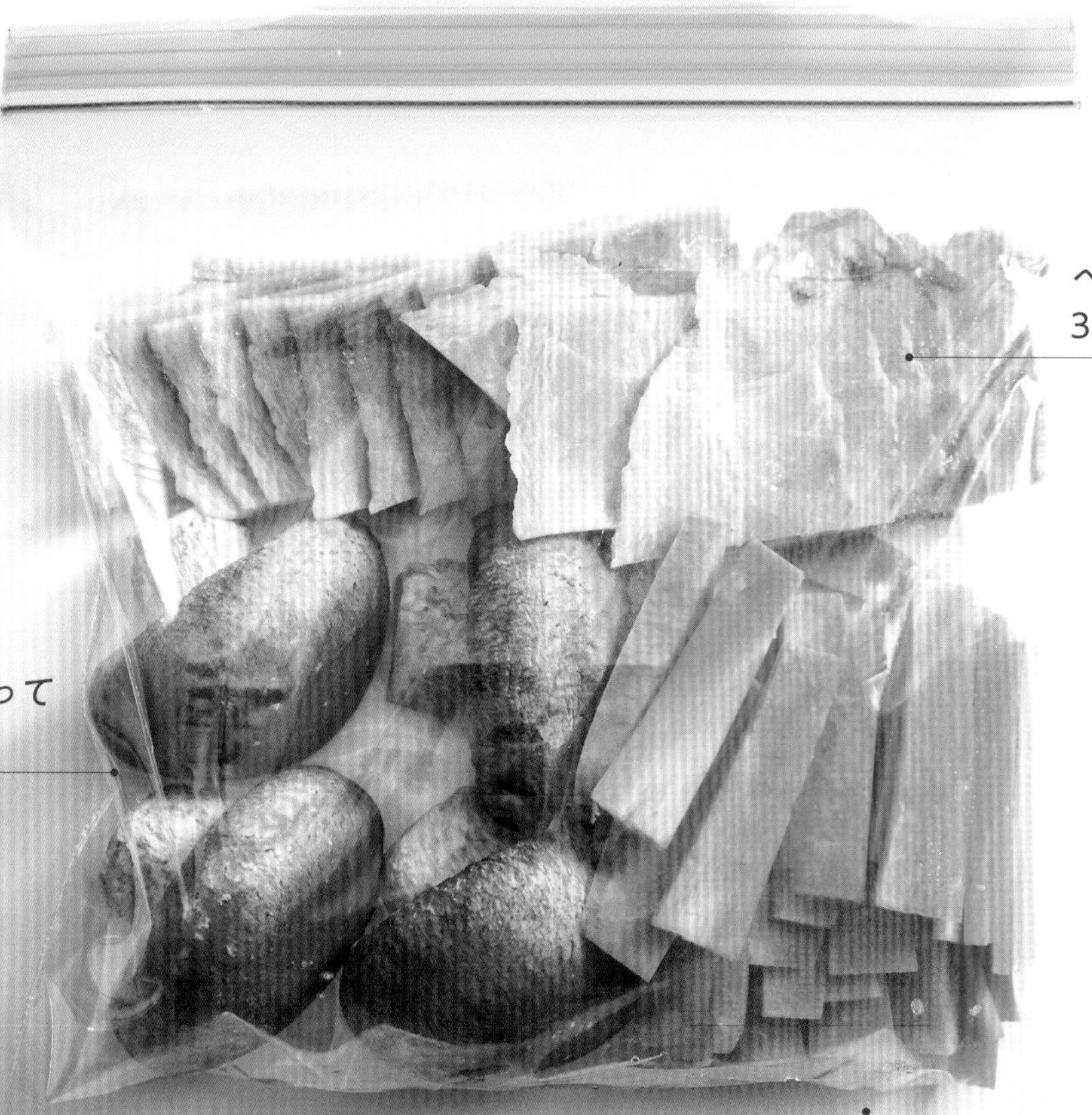

ベーコンは
3cm幅に切る。

しいたけは
石づきを取って
半分に切る。

にんじんは
1.5cm幅、5cm長さの
短冊切り。

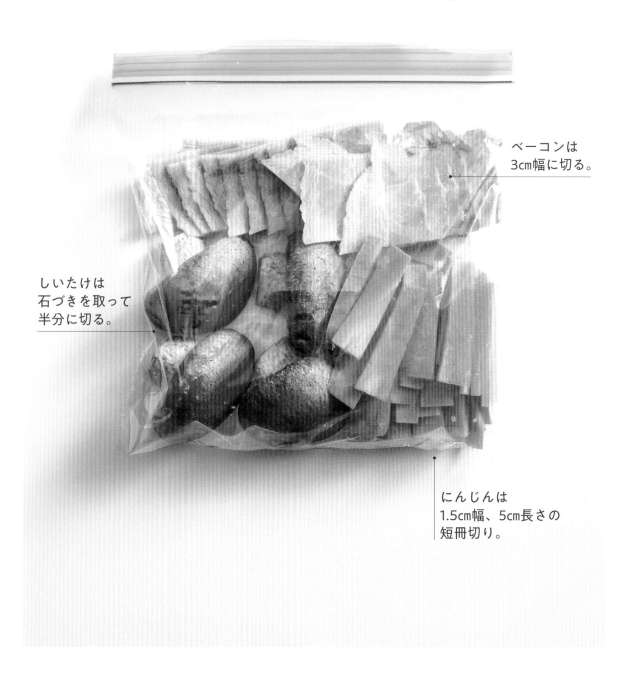

チーズ焼き

1　耐熱の器に冷凍パックの中身を移し、ふんわりとラップをかけ、電子レンジ600Wで4分加熱する。

2　取り出してピザ用チーズ小1パック25gをかけ、粉チーズ小さじ1とパセリのみじん切り少々をふり、オーブントースターで焦げ目がつくまで5～6分焼く。または、電子レンジ600Wで1分加熱してもよい。

炒め物

1　耐熱ボウルに冷凍パックの中身を移し、ふんわりとラップをかけ、電子レンジ600Wで4分加熱する。

2　取り出して軽く汁をきり、オリーブ油小さじ1、塩、こしょう、パセリのみじん切り各少々をふって混ぜ､器に盛る。

みそ汁

1　耐熱ボウルに冷凍パックの中身を移し、水120㎖を注ぎ、液みそ小さじ2を加える。

2　ふんわりとラップをかけ、電子レンジ600Wで5分加熱する。器に盛り、青じそ1枚をちぎってのせる。

油揚げ
＋
長ねぎ
＋
小松菜

■ 油揚げ 50g　■ 長ねぎ＋小松菜 合わせて100g

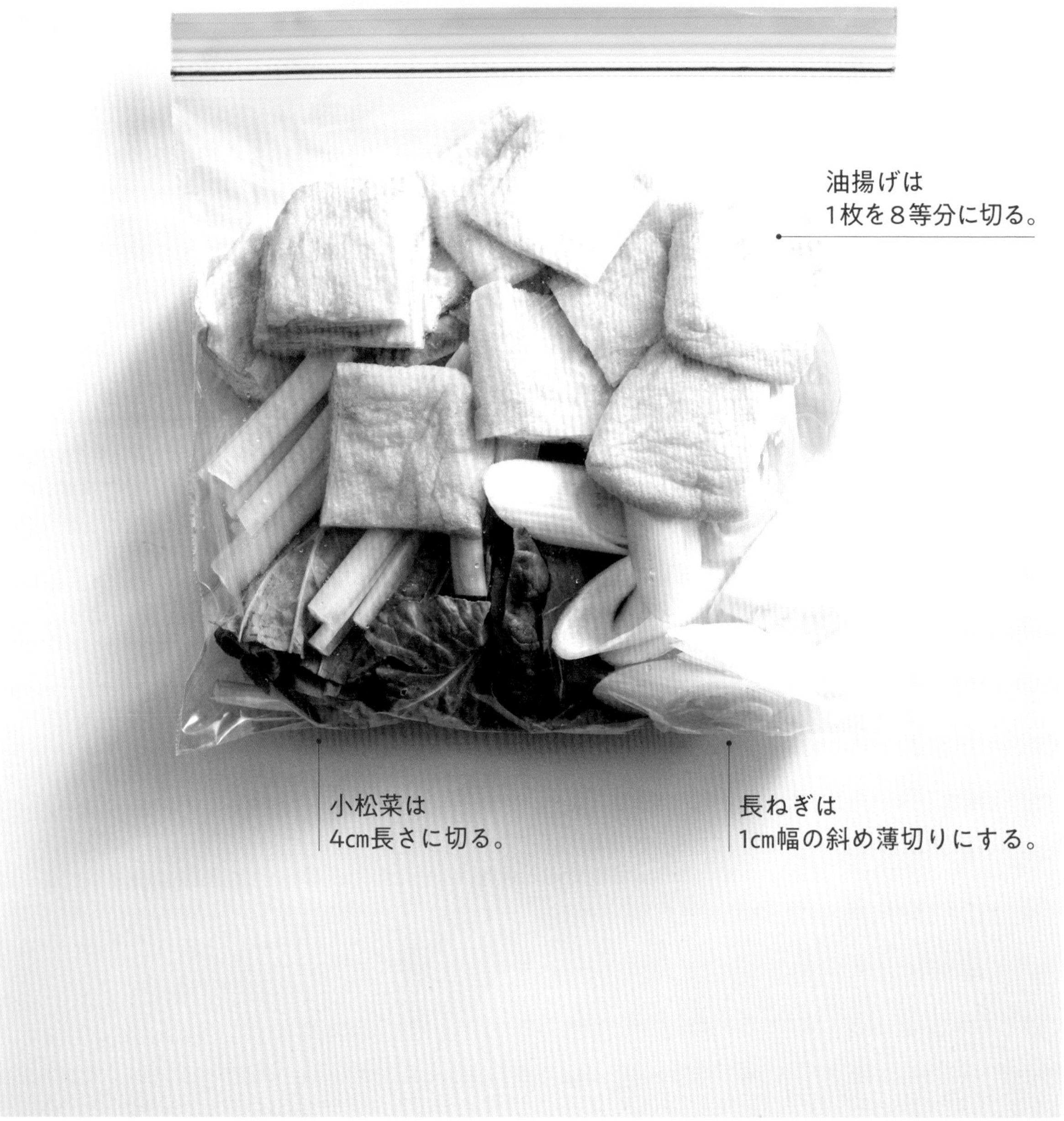
油揚げは
1枚を８等分に切る。
小松菜は
4cm長さに切る。
長ねぎは
1cm幅の斜め薄切りにする。

煮物

1　耐熱ボウルに冷凍パックの中身を移し、水大さじ2、砂糖大さじ1、しょうゆ小さじ1を合わせてかけ、ふんわりとラップをかけ、電子レンジ600Wで4分加熱する。

2　取り出して全体を混ぜ、器に盛る。

卵とじ丼

1　耐熱ボウルに冷凍パックの中身を移し、水大さじ2、砂糖、しょうゆ各大さじ1を加え、ふんわりとラップをかけ、電子レンジ600Wで4分加熱する。

2　取り出して卵1個を溶いて加え、電子レンジで30秒加熱する。

3　器に温かいご飯150gを盛り、**2**をのせ、好みで粉山椒をふる。

みそ汁

1　耐熱ボウルに冷凍パックの中身を移し、水120㎖を注ぎ、液みそ小さじ2を加える。

2　ふんわりとラップをかけ、電子レンジ600Wで5分加熱し、器に盛る。

豆腐
＋
かぼちゃ
＋
大根
＋
ブロッコリー

■ 豆腐 水分が多いので90g　■ かぼちゃ＋大根＋ブロッコリー 合わせて100g

ブロッコリーは
小房に分ける。

豆腐は
1.5～2cm角に切る。
※豆腐は冷凍すると「す」が入るが、
その食感も楽しい。

かぼちゃ、大根は
1cm幅のいちょう切りにする。

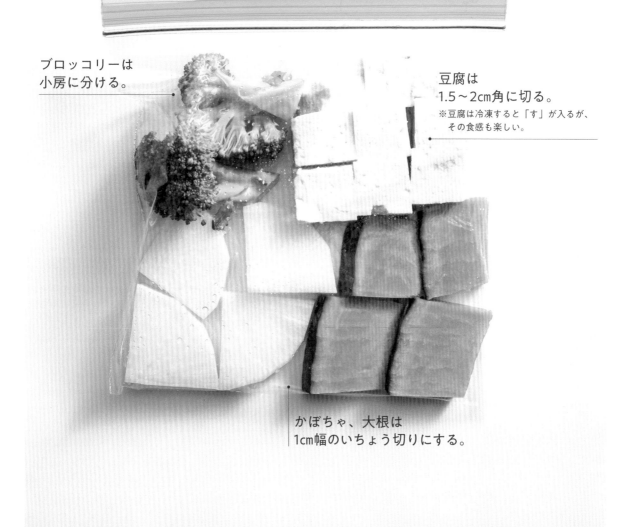

温サラダ

1　耐熱ボウルに冷凍パックの中身を移し、ふんわりとラップをかけ、電子レンジ600Wで4分加熱する。

2　取り出して汁をきり、ナンプラー、ごま油各小さじ1、赤唐辛子のみじん切り少々であえ、器に盛る。

台湾おこわ風ご飯

1　耐熱ボウルに冷凍パックの中身を移し、ご飯100gを加え、ふんわりとラップをかけ、電子レンジ600Wで6分加熱する。

※ご飯は市販のおにぎりを使ってもおいしい。

2　取り出してごま油大さじ1、ガーリックパウダー、塩、こしょう各少々をかけて混ぜ、器に盛る。

スープ

1　耐熱ボウルに冷凍パックの中身を移し、水120mℓを注ぎ、コンソメ（顆粒）小さじ¼を加え、ふんわりとラップをかけ、電子レンジ600Wで5分加熱する。

2　取り出してしょうゆ小さじ1、塩、こしょう各少々で調味し、器に盛る。

えび
＋
パクチー
＋
青ねぎ

■ 無頭えび 50g　■ パクチー＋青ねぎ 合わせて 100g

えびは
殻に切り込みを入れ、
背わたを除く。
足ははさみで
切り落とす。

パクチーと青ねぎは
4cm長さに切る。

タイ風サラダ

1　耐熱ボウルに冷凍パックの中身を移し、ふんわりとラップをかけ、電子レンジ 600W で 4 分加熱する。

2　取り出して軽く汁をきり、ラー油、ナンプラー各小さじ 1、砂糖小さじ½を加えてあえ、器に盛る。

焼きビーフン

1　耐熱ボウルに冷凍パックの中身を移し、即席焼きビーフンを袋の外から握って砕いて加え、水 150mℓを注ぐ。

2　ふんわりとラップをかけ、電子レンジ 600W で 6 分加熱する。

3　取り出してごま油大さじ 1 を加えて混ぜたら器に盛り、こしょう少々をふる。

スープ

1　耐熱ボウルに冷凍パックの中身を移し、水 120mℓを注ぎ、鶏がらスープの素（顆粒）小さじ¼、ナンプラー小さじ½、ごま油小さじ 1 を加える。

2　ふんわりとラップをかけ、電子レンジ 600W で 5 分加熱したら、取り出して器に盛る。

サラダチキン
＋
豆もやし
＋
チンゲンサイ

■ サラダチキン50g　■ 豆もやし＋チンゲンサイ 合わせて100g

サラダチキンは
ほぐす。

豆もやしは
そのまま。

チンゲンサイは
4cm長さに切り、
根元は十字に４等分する。

炒め物

1　耐熱ボウルに冷凍パックの中身を移し、ふんわりとラップをかけ、電子レンジ 600W で 3 分加熱する。

2　取り出してサラダ油大さじ 1、液みそ小さじ 2 を加えて混ぜ、器に盛る。

カスクート

1　耐熱ボウルに冷凍パックの中身を移し、ふんわりとラップをかけ、電子レンジ 600W で 3 分加熱する。

2　10㎝長さのバゲットに切り込みを入れ、粒マスタードとバター各小さじ 1 を塗り、軽く汁をきった**1**のもやしとチンゲンサイをはさむ。

3　サラダチキンをマヨネーズ大さじ 1 であえてのせ、粒マスタード小さじ 1 をのせる。

スープ

1　耐熱ボウルに冷凍パックの中身を移し、水 120mℓを注ぎ、鶏がらスープの素（顆粒）小さじ¼、しょうゆ、ごま油各小さじ 1 を加える。

2　ふんわりとラップをかけ、電子レンジ 600W で 5 分加熱したら、取り出して器に盛る。

いつでもあると安心なものがあります

「人生１００年時代」で最も大切なことは健康寿命です。残念ながら好きなものを好きなだけ食べていたのでは、１００年を生き抜く体はできないのです。

お医者様はおっしゃいます。「病気になっても治療をし、健康体に戻し、自宅に帰すことはできます」。西洋医学の基本は対症療法。でも、その後が問題です。糖尿病、心臓病、高血圧、脂質異常症（高脂血症）など、生活習慣病はその人の生活習慣から起こるのです。

そして生活習慣を改善する、運動をする、と同時にその人自身が生まれたときから持っている免疫力を年齢を重ねても落とさないことが必要です。ここで、管理栄養士の手腕が発揮されます。いまや、「未病学会」も創立され、病気になる前にならないための手当をする、という考え方が広まっています。

人それぞれが持っている免疫力を落とさず、上げるために何をすればよいかを真剣に考えました。「3食の食事を栄養バランスよくとる」ことは基本ですが、私たちが長生きすればするほど増えていく活性酸素を減らす手立てはないものか、と考えました。

活性酸素はガソリンで走る自動車に例えれば、排気ガスのようなもの。人間は50歳を過ぎる頃から活性酸素を消去する酵素が減っていき、体内に溜まり、がん発病の引き金になります。

１９８５年、福岡女子大学で栄養指導実習講座を担当した頃から考え始めました。

そして１９９０年、アメリカ国立がん研究所でデザイナーフーズリストが発表されます。このリストは病気の元凶となる活性酸素から体を守り、生活習慣病を予防してくれるファイトケミカルを持っている植物の一覧表です。

その中から日本人が食べても違和感がなく、おいしい、普段の食事に使える健康保存食的なものを考えていきました。これからも、真剣に考え続けていきます。頭の隅に置いておくと、思わぬきっかけで、体にいいもの、安心なものが誕生してくるのです。

酢玉ねぎ

玉ねぎは優秀な料理素材であると同時に、現代人が抱えるさまざまな体の不調を解消してくれる優れた薬効を持つ「食べる薬」のような存在です。

イソアリインというイオウ化合物が、血液を固まりにくくして血流をよくする働きがあります。玉ねぎの血液サラサラ効果はイソアリインのおかげです。このほかにも血中脂質を減らす作用が高コレステロールに、消化液の分泌を助ける作用が消化不良に、ビタミンB_1の吸収を助ける作用が疲労回復や肌荒れに、カルシウムの吸収を助ける作用が骨粗しょう症にと、さまざまな体の改善に働きます。イソアリインは水に溶けるので、長くさらしてしまうと効力が減少します。また紫玉ねぎの健康効果は玉ねぎと同じですが、赤紫色のファイトケミカルの一種・アントシアニンが含まれています。

玉ねぎを高血圧や高コレステロールを改善する効果や疲労回復効果の高い酢に漬けたものが、酢玉ねぎです。酢玉ねぎは毎日50gを目安に食べていただくと、糖尿病や高血圧などの生活習慣病の予防に役立ちます。

材料 ■ 出来上がり850g

玉ねぎ（大きめのもの）… 2個（正味約500g）
紫玉ねぎを使えば紫酢玉ねぎに

A
- 酢 … 150mℓ
- はちみつ＊ … 100mℓ
- 水… 50mℓ
- 塩 … 小さじ1

＊はちみつの代わりに砂糖なら65g、パルスイート・カロリー90%カットなら20gを使用してもよい。
＊酢は米酢、穀物酢、玄米酢、りんご酢、黒酢など好みのものを使ってよい。

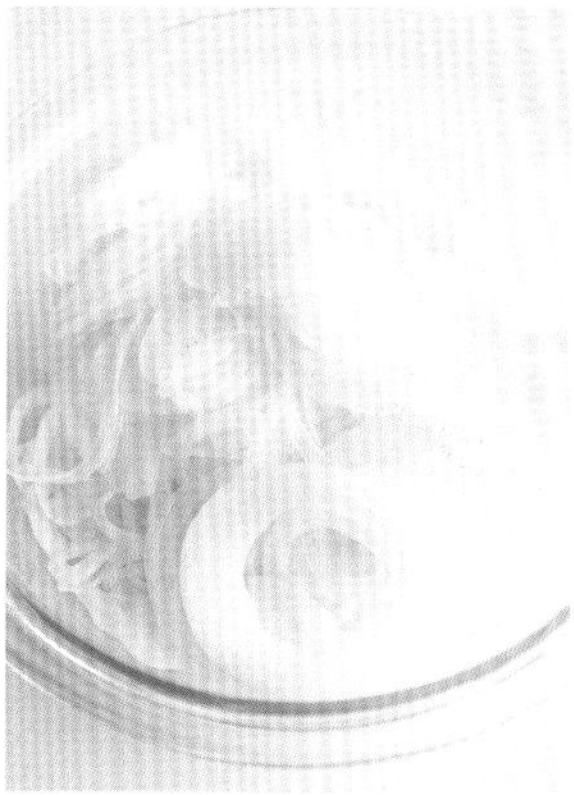

1　玉ねぎは皮をむき、スライサーで薄切り、または包丁で薄切りにし、ボウルに入れる。

2　鍋にAを入れて火にかけ、煮立ったら**1**に加える。

3　皿を何枚か重石にして、しんなりするまで30分ほどおき、瓶や保存容器に移す。

■常温で1年間保存できる。冷蔵すると酸味がまろやかになる。
■保存瓶は煮沸消毒などは必要ないが、清潔で完全に乾いたものを使用する。

いわしの酢玉ねぎ煮

材料 ■ 2人分

いわし（頭と内臓を除く）
… 中4尾（正味200g）

A しょうゆ … 大さじ2
砂糖 … 大さじ2

酢玉ねぎ … 100g

1 いわしは皮に破裂防止に切り目を入れる。

2 耐熱ボウルにAを合わせ、**1**を加えて全体に（尾の先まで）まぶし、酢玉ねぎをのせる。ふんわりとラップをかけ、電子レンジ600Wで6分加熱する。

3 取り出し、器に盛り、煮汁をかける。

さつま揚げ

材料 ■ 2人分

れんこん … 小1節（約100g）

酢玉ねぎ … 100g

A 白身魚のすり身（市販）… 150g
しょうがのみじん切り … ⅓片分
片栗粉 … 大さじ3

揚げ油 … 適量

大根おろし … 適量

青じそ … 2枚

1 れんこんは皮をむき、1㎝ほどの乱切りにする。酢玉ねぎは汁をきる。

2 ボウルにAを入れ、滑らかになるまで混ぜ、**1**を加えてさらに混ぜる。

3 揚げ油を170℃に熱する。**2**を大さじ1程度すくって、手で形を整える。軟らかいときは片栗粉（分量外）を足して形を整えながら油に入れ、上下を返しながら、きつね色になるまで揚げる。

3 器に盛り、青じそと大根おろしを添える。

酢玉ねぎとにんじんのサラダ

材料 ■ 2人分

グリーンアスパラガス … 4本
にんじん … 100g
酢玉ねぎ（紫でも白でも）… 100g
塩、こしょう … 各少々
エクストラバージンオリーブ油 … 小さじ1
くるみのみじん切り … 2個分

1　アスパラは半分の長さに切ってゆでる。にんじんはせん切りにする。

2　器に酢玉ねぎと**1**を盛り、にんじんに塩をふり、オリーブ油をかけ、こしょうをふり、くるみをのせる。

すき焼き煮

材料 ■ 2人分

小松菜 … 200g
木綿豆腐 … 200g
牛小間切れ肉 … 100g
A［砂糖 … 大さじ2
　 しょうゆ … 大さじ2
サラダ油 … 小さじ1
もやし … 200g
酢玉ねぎ … 100g
卵 … 2個

1　小松菜は根元を落とし、3㎝長さに切る。木綿豆腐は十字に4等分する。

2　フライパンにサラダ油を熱し、牛肉を入れて焼き色がつくまで炒め、Aを加え、全体に絡めながら煮て取り出す。

3　**2**のフライパンに**1**、もやし、酢玉ねぎを加え、強火で野菜に火が通ったら**2**を戻して火を止める。

4　器に盛り、溶き卵を添える。つけていただく。

お酒のあてに酢玉ねぎをちょい足し

薬味代わりにもなるので食べあきずにいただけます。

冷や奴 いつもの冷や奴に酢玉ねぎ大さじ1ほどをのせる。
しょうゆはかけてもほんの1滴でOK。

もずく 味付きもずく1パック(40g)に
酢玉ねぎ大さじ1を加える。
玉ねぎのシャリシャリ感ともずくの
とろとろ感がナイスマッチ。

刺し身 刺し身の手塩皿に酢玉ねぎ大さじ1をのせ、
刺し身と一緒にいただく。
しょうゆは使わなくてもおいしくいただける。

朝ごはんメニューに酢玉ねぎをちょい足し

しょうゆの量が控えられて減塩にも役立つのが酢玉ねぎの魅力です。

納豆　納豆1パックに酢玉ねぎ
大さじ1ほどをのせ、
添付のたれ少量と辛子をかける。

たたき長芋　長芋50gの皮をむき、
薄切りにして包丁の峰でたたく。
マヨネーズ小さじ1ほどと
酢玉ねぎ大さじ1を添える。

みそ汁　1人分のみそ汁に
酢玉ねぎ大さじ1を加える。
具のボリュームもアップ。
インスタントみそ汁にも。

卵かけご飯　卵かけご飯1人分に
酢玉ねぎ50gをのせる。
しょうゆなしでもおいしい。

甘酒

麹と米で作った甘酒はブドウ糖、総合ビタミン類やアミノ酸類が含まれています。「飲む点滴」といわれるのは、成分が点滴とほぼ同じだから。昔から夏バテ予防に飲まれてきました。

また甘酒は発酵の過程で１００以上もの酵素が生まれるほか、天然吸収ビタミン群（ビタミンB_1、B_2、B_6、パントテン酸、イノシトール、ビオチンなど）を作って甘酒に蓄積します。免疫力をアップし、血圧の正常化に働きかけたり、抗酸化作用や美肌効果、ＧＡＢＡを含んでいて抗ストレスの効果もあります。また、オリゴ糖と食物繊維も豊富なため、腸内環境を整えるのに役立ちます。手作りなら麹菌が生きたままの発酵食品で腸活・菌活を促します。

材料 ■ 出来上がり1ℓ分
米 … 200g
米麹 … 200g

1 米を洗って炊飯器に入れ、水600mℓ（分量外）を加え、おかゆモードで炊く。炊きあがったら保温モードのまま、水200mℓ（分量外）を加え、泡立て器で全体によく混ぜる。こうすると発酵に適温の60℃まで温度が下がる。

2 米麹をフードプロセッサーにかけて細かくする。細かくしなくても発酵するが、より滑らかな仕上がりになる。

3 **1**に**2**を加え、泡立て器で全体によく混ぜる。

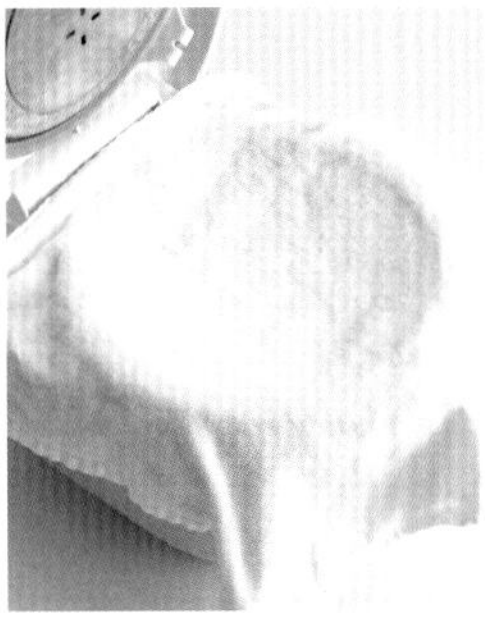

4 炊飯器のふたは開けたまま、布巾をかけて保温モードのままで12時間おく。

冬場は内ぶたを外し、布巾の上にかぶせると保温効果が上がる。

5 うっすらベージュ色になったら、水200mℓ（分量外）を加えてかき混ぜて滑らかにする。

6 もう一度**4**と同じように布巾をかけて12時間保温モードでおいたら、水200mℓ（分量外）を加え、混ぜて出来上がり。保存容器に移し、冷めたらふたをして冷蔵する。

生の甘酒は3倍濃縮なので
飲むときは水やお湯で3倍に薄めます。

■冷蔵で2週間、冷凍なら1年間保存できる。
■出来上がりをミキサーにかけておくと滑らかになり、湯や冷水で割って飲むとき、喉越しがよくなる。
■保存容器は煮沸消毒などは必要ないが、清潔で完全に乾いたものを使用する。プラスチック製は雑菌が繁殖しやすいのでガラス製やホーローがおすすめ。
■使用するときはきれいなスプーンで取り出すようにする。

甘酒で村上流
カンタン塩麹

塩と米麹で作られる塩麹は料理にうま味を加えてくれ、食材を柔らかくしたり、とても重宝する調味料です。すっかり定着している感がありますが、甘酒を作ったらぜひ塩麹も作ってみてください。とても簡単にできる方法をご紹介します。

塩麹は肉や魚を漬けておくと柔らかくなり、野菜のうま味も引き出します。塩だけのときにはない奥深い味が魅力です。甘酒（麹）の持つ健康効果も期待できる優れた調味料です。

材料 ■ 作りやすい分量／出来上がり110g
甘酒（P89参照）… 100g
塩 … 10g

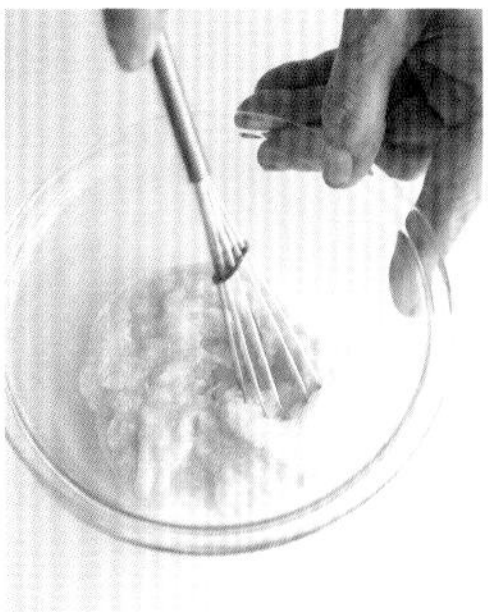

1　耐熱ボウルに甘酒を入れ、塩を加えてよく混ぜる。

2　ラップはかけずに電子レンジ弱で30秒加熱する。20分おきに、あと2回加熱をくり返す。

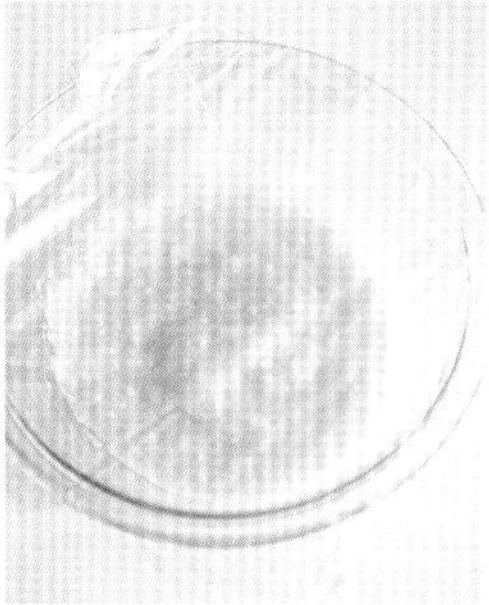

3　取り出してラップをかけ、常温で12時間おいたら完成。

■冷蔵で3カ月間、冷凍で1年間保存できる。
■ミキサーにかけてとろとろ塩麹にしてもよい。
■保存容器は煮沸消毒などは必要ないが、清潔で完全に乾いたものを使用する。プラスチック製は雑菌が繁殖しやすいのでガラス製やホーローがおすすめ。
■使用するときはきれいなスプーンで取り出すようにする。

鮭のかぶら寿司風

材料 ■ 2人分
小かぶ … 2個
スモークサーモン（薄切り／各3つに切る）
　… 2枚分
塩麹 … 小さじ1
赤唐辛子の輪切り … 3〜4個
ゆずの皮のせん切り … 2×5㎝角分
にんじん … 20g

1　かぶは皮をむき、上下を落として縦に3等分する。それぞれ中央に切り込みを入れ、スモークサーモンをはさむ。
2　器に**1**を並べ、塩麹をかけてまぶし、赤唐辛子とゆずの皮、せん切りにしたにんじんを散らし、平皿3枚を重石にのせて30分おいたら出来上がり。

■ラップに包み、冷蔵すれば4日間保存できる。

小松菜とオクラの塩麹漬け

小松菜の材料 ■ 2人分

小松菜 … 100g

A
- 塩麹 … 小さじ1
- みりん … 大さじ1
- 赤唐辛子の小口切り … 2〜3個

1 小松菜は半分に切ってポリ袋に入れ、口は閉じずに耐熱容器にのせ、電子レンジ600Wで1分加熱する。取り出して水に放って冷まし、水けをしっかり絞る。

2 ボウルにAを入れ、**1**を加えてまぶし、ふんわりとラップをかける。

3 電子レンジ600Wで30秒加熱したら軽く絞って3〜4cm長さに切り、器に盛る。

オクラの材料 ■ 2人分

オクラ … 6本

塩麹 … 小さじ1

1 オクラはへたを切り落とす。30cm四方に切ったラップの中央に並べ、塩麹をふりかけてきっちり包む。

2 電子レンジ600Wで30秒加熱し、ラップごと氷水に浸けて急冷する。ラップの外からもんでしんなりしたら、洗わずに器に盛る。

塩麹カツ

材料 ■ 2人分

豚ロース薄切り肉 … 200g

塩麹 … 小さじ1

こしょう … 少々

小麦粉、溶き卵、パン粉 … 各適量

揚げ油 … 適量

キャベツのせん切り … 2枚分

1 豚肉は広げて塩麹を点々とのせて指で塗り広げ、こしょうをふり、10分おく。

2 小麦粉、溶き卵、パン粉の順に衣をつけ、170℃の油できつね色になるまで揚げる。

3 皿にキャベツと**2**を盛り、いただくときに好みでソース（分量外）をかける。

鶏のから揚げ

材料 ■ 2～3人分

鶏もも肉 … 1枚（約300g）
小麦粉 … 小さじ2
A ガーリックパウダー … 小さじ1
　塩麹 … 小さじ2
　塩 … 少々
卵 … 1個
片栗粉 … 適量
揚げ油 … 適量
かぼす、またはレモン … 1個
七味唐辛子 … 少々

1　鶏もも肉は3cm角に切ってポリ袋に入れ、小麦粉を入れてふり、全体にまぶす。Aも加えてもみ込み、10分おく。

2　**1**をボウルに入れ、溶いた卵を混ぜ、1切れずつ片栗粉をまぶし、170℃に熱した油で上下を返しながらきつね色になるまで揚げる。

3　器に盛り、半分に切ったかぼすと七味唐辛子を添える。

いわしの塩麹漬け焼き

材料 ■ 2人分

いわし（頭と内臓を除く）
　… 中4尾（正味200g）
塩麹 … 小さじ2
大根（薄切り）… 2枚
にんじん（薄切り）… 1枚
青じそ … 1枚
すし酢 … 小さじ2

1　いわしは水洗いしてペーパータオルにはさんで水けを取る。表面に切り目を入れ、両面と腹の中に塩麹を塗り、一晩冷蔵する。

2　オーブントースターの天板にアルミホイルを敷き、盛り付けたとき表になる方を上にして置き、尾には焦げないようにアルミホイルでくるみ、中火で全体に火が通るまで焼く。

3　大根、にんじん、青じそはせん切りにして、すし酢をかけてしんなりするまでもむ。器にいわしとともに盛る。

豆乳ヨーグルト

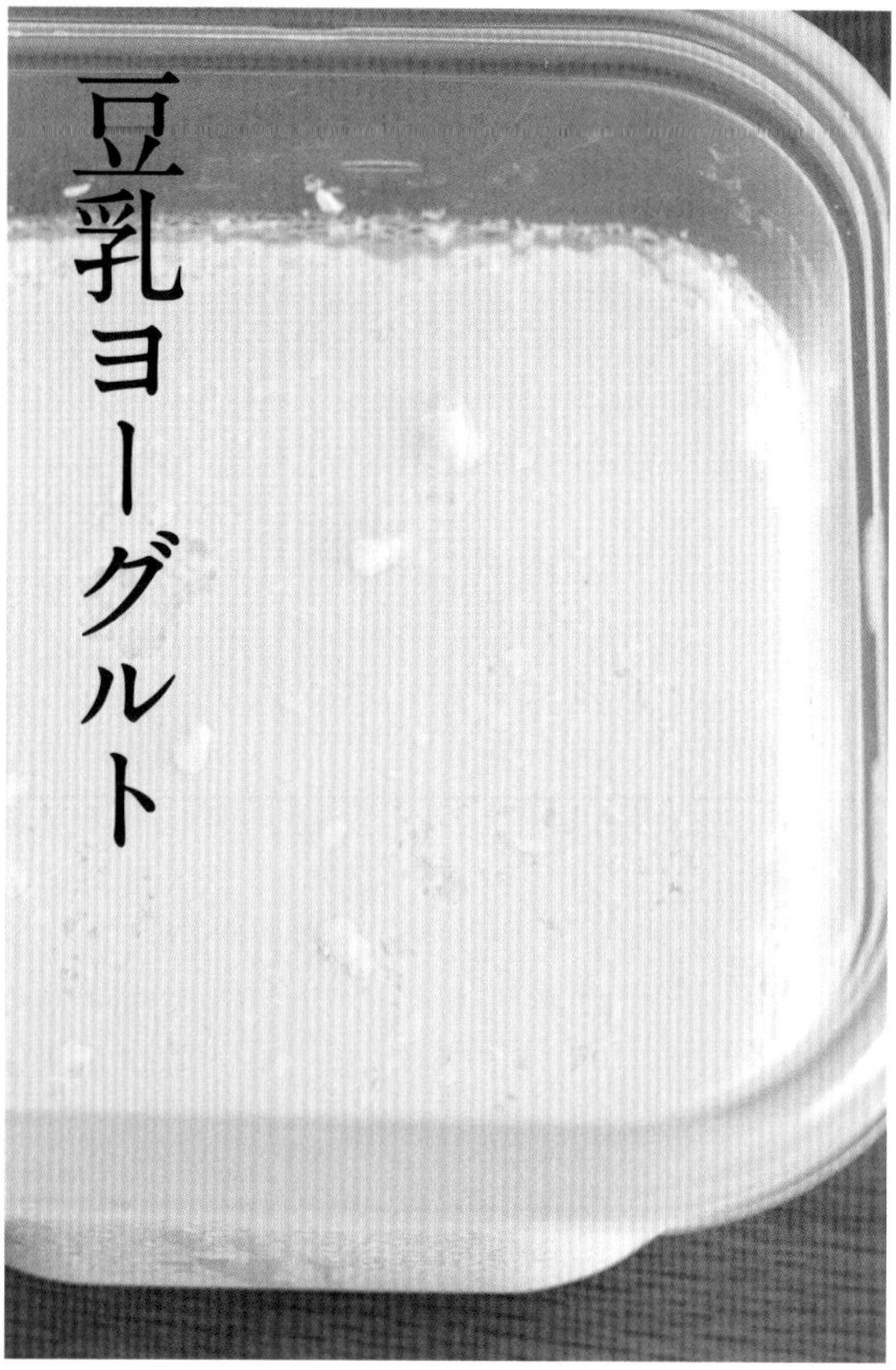

材料 ■ 作りやすい分量／出来上がり約590g

ヨーグルト（市販）… 60g

豆乳 ＊… 500㎖

＊大豆固形分 9% の豆乳がおすすめ。
大豆固形分の比率が下がるとヨーグルト化に時間がかかる。
調整か無調整かはどちらでも大丈夫。

1　耐熱容器に豆乳を入れ、電子レンジ600Wで3分加熱する。これで40℃前後になり、乳酸菌が繁殖しやすい温度帯になる。

2　**1**に市販のヨーグルトを加えてよく混ぜる。

3　ふたをして室温で冬は2時間、夏は1時間おく（植物性ヨーグルトを使った場合は時間がやや長くなる）。ヨーグルト状に固まれば出来上がり。

■冷蔵で1週間保存できる。

■出来上がりまでの時間は季節により多少変動する。

■種菌に使うヨーグルトは全脂無糖、低脂肪無糖、加糖、動物性、植物性など、どれでも好みのものでよい。

■容器は煮沸消毒などは必要ないが、清潔で完全に乾いたものを使用する。プラスチック製の使い込んだものは目に見えない傷がつき、雑菌が繁殖しやすくなる。

■筋力アップのための一日の摂取目安量は200g。

腸が免疫をつかさどっていることが認識され、腸活・菌活のためにヨーグルトを毎日の食習慣にしている方は多いと思います。腸内の善玉乳酸菌を増やして免疫力を上げたり、血中コレステロールや中性脂肪を低下させるなど、ヨーグルトにはたくさんの健康効果があります。特に日本人の長い大腸には、動物性より植物性の乳酸菌が多くすむといわれていて、豆乳ヨーグルトの乳酸菌は動物性よりも酸に強く、腸に届きやすいともいわれます。

最近の研究で毎日の食事に大豆たんぱ

く質8gを取り入れると、筋力がアップすることがわかりつつあります。また、アメリカの食品医薬局（FDA）は、大豆たんぱく質を25g毎日とり続けていると心臓病の予防に効果があると明言しています。そして「畑の肉」といわれる大豆には吸収のよいたんぱく質をはじめ、女性ホルモンの代表で骨粗鬆症予防にも関係するイソフラボン、血管を丈夫にするレシチン、動脈硬化予防や肥満予防に効果があるサポニンなど、たくさんの有効な成分が含まれています。

ヨーグルトピクルス

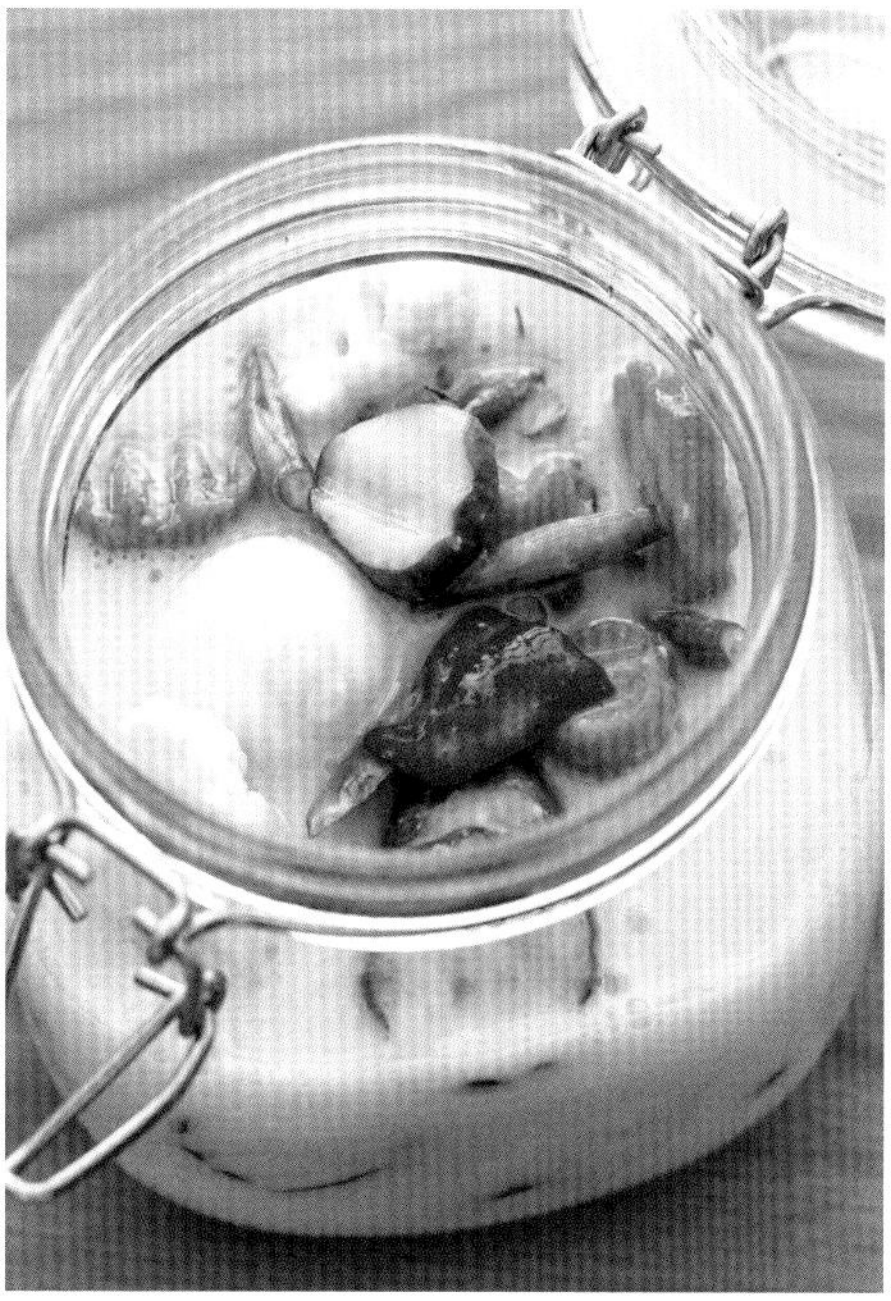

材料 ■ 450㎖の容器1個分

カリフラワー … 100g
にんじん … 先の方4cm（10g）
きゅうり … ½本（50g）
赤ピーマン … ⅙個（10g）
小玉ねぎ … 4個（60g）
さやいんげん（筋なし） … 4本（16g）
塩 … 小さじ½

A
- 豆乳ヨーグルト … 74g
- 砂糖 … 大さじ3
- 塩 … 小さじ1

スパイス
- ローリエ … ¼枚
- 赤唐辛子 … ½本
- シナモン棒 … 2cm程度
- 黒粒こしょう … 5粒

1　カリフラワーは小房に分ける。にんじんときゅうりは5mm幅の輪切りに、あればギザ刃の包丁を使う。赤ピーマンは乱切り、小玉ねぎは薄皮をむく。さやいんげんはサッとゆで、冷水に取り、4cm長さに切る。
2　耐熱ボウルに**1**を入れ、塩をまぶす。ラップを表面に張り付け、電子レンジ600Wで30秒加熱する。
3　取り出してAとスパイスを加える。ふんわりとラップをかけ、電子レンジ600Wで30秒加熱する。30分おいたら出来上がり。冷蔵する。

■冷蔵で1週間保存できる。

水きりヨーグルト

材料 ■ 出来上がり220g

豆乳ヨーグルト … 590g

1　コーヒードリッパーにコーヒーフィルターをのせ、500㎖のメジャーカップ（またはボウル）に置く。
※柄のついたざるに厚手のペーパータオルを広げてもよい。
2　フィルターにヨーグルトを入れ、ラップをかけて冷蔵庫に入れる。半日おいて水をきったものが水きりヨーグルト。ジャムを添えていただいてもおいしい。

■こして出た水分はホエイ。豆乳ヨーグルトのカルシウムがすべて溶け出ていて、そのまま飲んでもよいが、みそ汁やスープなどに加えるとカルシウムが摂れ、味もよくなる。

レモン酢とりんご酢

レモン酢もりんご酢も果物を酢に漬けたフルーツビネガーです。酢は余分な脂質（コレステロール、中性脂肪など）を減らしたり、血圧を正常化したり、全身の60〜70％の免疫細胞が存在する腸で善玉乳酸菌のビフィズス菌を増やしたり、と健康に貢献してくれるとても優秀な食材です。そこにレモンやりんごが持つ特有の健康効果を、さらにプラスできるのがフルーツビネガーの魅力です。

特にレモンの皮にはエリオシトリンやヘスペリジンといったフラボノイド類

が豊富で、病気や老化の原因となる活性酸素に対する強力な抗酸化作用があります。また動脈硬化の一因となる活性酸素を除去し、血管をしなやかにする働きもあります。

りんごに含まれるファイトケミカルのクロロゲン酸、タンニン、ケルセチンなどを総称してりんごポリフェノールと呼びますが、高い抗酸化作用があります。また、皮に多いアップルペクチン（食物繊維）は、腸内環境を整えてくれます。

レモン酢

材料 ■ 作りやすい分量／450mℓの瓶1本分

レモン … 1個
氷砂糖 … 100g
米酢 … 200mℓ

※氷砂糖は黒砂糖や上白糖、きび砂糖などでもよい。その場合は沈殿しやすいので、こまめにかき混ぜる。米酢は玄米酢、黒酢などの穀物酢やりんご酢、ワインビネガーでもよい。

1 レモンはお湯をかけながら表面をたわしでゴシゴシ洗い（こうするとワックスなどが取れる）、ペーパータオルで水分を完全に拭き取り、1cm幅の輪切りにする。

2 瓶に氷砂糖を入れ、レモンを加え、米酢を注ぐ。

3 ふたはしないで電子レンジ600Wで30秒加熱する。

※この時点で、氷砂糖が溶けることはない。

4 ラップを丸めてレモンの上にかぶせ、レモンを酢の中に沈める。

5 ふたをして常温で12時間おいたら出来上がり。レモンは取り出さなくてもよい。

りんご酢

材料 ■ 作りやすい分量／450mℓの瓶1本分

りんご … 約½個
（正味100g）
氷砂糖 … 100g
米酢 … 200mℓ

写真のように皮ごといちょう切りにして、レモン酢と同様に作る。

■常温で1年間保存できる。高温多湿の夏場や暑い地域では冷蔵庫で保存する。
■保存瓶は煮沸消毒などは必要ないが、清潔で完全に乾いたものを使用する。
■レンジ加熱はわずか30秒で、瓶は熱くならないので耐熱のものでなくても大丈夫。
■漬けたレモンは紅茶や煮魚や肉を焼く際に加えるとよい。

カラフルサラダ

材料 ■ 2〜4人分

大根 … 100g
にんじん … 50g
セロリの茎 … ¼本
橙パプリカ … ¼個
黄パプリカ … ¼個
ピーマン … 1個
紫玉ねぎ … ¼個(50g)

ドレッシング
レモン酢(またはりんご酢) … 大さじ2
オリーブ油 … 大さじ1
サラダ油 … 大さじ1
塩 … 小さじ½
こしょう … 少々

1　大根とにんじんは5cm長さのせん切りにする。セロリは筋を引き、パプリカとピーマンはへたと種を除き細切り、紫玉ねぎは薄切りにする。

2　氷水に**1**を放ち、5分ほどさらしてざるに上げる。

3　ボウルに<ドレッシング>の材料を合わせて白濁するまで混ぜ、**2**の野菜を加えてあえる。

冷やしトマト

冷やしたトマトをくし形に切り、
レモン酢(またはリンゴ酢)大さじ1をかける。

ビネガードリンク

レモン酢やりんご酢を
水や湯、炭酸適量で割る。

切り干し南蛮

材料 ■ 250mℓの容器1個分

切り干し大根（乾燥）… 20g

南蛮酢

レモン酢（またはりんご酢）… 70mℓ

しょうゆ … 大さじ1

赤唐辛子の小口切り … 少々

あればレモン

（レモン酢に漬けたもの）… 1枚

細切り昆布 … 大さじ2

1　切り干し大根は水でサッと洗い、水けをしっかり絞り、縦横3cm間隔にざく切りにする。

2　ボウルに＜南蛮酢＞の材料を合わせる。

3　**2**に**1**を加えて混ぜる。30分おいたらおいしく食べられる。

あじとオクラの酢みそ

材料 ■ 2人分

オクラ … 4本

あじ（刺し身用）… 50g

A　レモン酢（またはりんご酢）… 大さじ1

　　西京みそ … 小さじ2

練りわさび … 少々

1　オクラはサッと熱湯に通し、水に取る。水けを拭いてへたを切り落とし、小口切りにする。

2　あじは三枚におろして皮を除き、細切りにする。

3　**1**と**2**を混ぜて器に盛り、Aを合わせてかけ、わさびを添える。

オイルしょうが

しょうがはとても人気が高い食材です。食べたら体がポカポカしてきて効果を実感できますし、「風邪にしょうが」は、誰でも知っている健康常識。しょうがには解熱、鎮痛剤・アスピリンの80%程度の解熱作用があるといわれていて、風邪の引き始めなら薬いらずなのも納得の薬効です。

これらはしょうがの皮に多く含まれるジンゲロールの働きが大きく、加熱するとジンゲロールはショウガオールに変化して、新陳代謝を促進して体を温め、発汗を促します。また、胃液の分泌を増やして食欲増進、消化促進にも働きかけ、強い殺菌・解毒作用で細菌や食中毒菌などを撃退。胆汁の排出を促進するため、血液中のコレステロールも減少に働きかけます。オイルに漬けておくとすぐに調理に使えるのでとても便利です。刻む手間もないですし、使いたいときにいつでもすぐに使えます。

材料 ■ 作りやすい分量／出来上り約380g

しょうが … 200g（正味）

オリーブ油* … 200mℓ

*油はオメガ3の不飽和脂肪酸を多く含むアマニ油やエゴマ油でもよい。アンチエイジングに効果がある。

1 しょうがはよく洗って水けを拭く。新しょうがは皮付きで、ひねしょうがは汚れているところだけ除いて、フードプロセッサーか包丁でみじん切りにする。

2 瓶に移し、ふたはしないで電子レンジ600Wで1分加熱する。

3 取り出して、オリーブ油をひたひたまで注ぎ、ラップを丸めて落としぶた代わりにのせる。

4 すぐに料理に使うことができる。

■常温で1年間保存できる。開封したら冷蔵する。

■冷蔵時、オリーブ油は固まるが、常温で溶ける。

■保存瓶は煮沸消毒などは必要ないが、清潔で完全に乾いたものを使用する。

■レンジ加熱はわずか1分で、瓶は熱くならないので耐熱のものでなくても大丈夫。

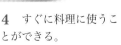

じゃがいものしょうがソテー

材料 ■ 2人分
じゃがいも … 2個(300g)
オイルしょうが … 大さじ1
塩、こしょう … 各少々

1　じゃがいもは洗って皮付きでポリ袋に入れ、口は閉じずに耐熱皿にのせ、電子レンジ600Wで6分加熱する。皮付きで1cm幅の輪切りにする。
2　フライパンを熱し、オイルしょうがと**1**を並べ入れて中火で焼く。下側がきつね色になったら、裏返して塩、こしょうをふり、同様に焼き、器に盛る。

オイルしょうがちょい足し

ジンジャーヨーグルト
プレーンヨーグルトにオイルしょうがと
好みのジャムをのせる。

香の物
好みの漬物にプラス。
しょうゆいらずでも満足。

ハニージンジャートースト
食パンにオイルしょうがを塗って
トーストし、蜂蜜をたらす。

おひたし
ゆでた青菜を切り、
オイルしょうがとしょうゆを混ぜる。

ジンジャーステーキ

材料 ■ 2人分

牛もも肉（ステーキ用／2㎝厚さ）… 1枚（200g）
塩、こしょう … 各少々
オイルしょうが … 大さじ1
A［しょうゆ … 小さじ1
　　レモン酢（P96参照）… 大さじ1
レモン酢に漬けたレモン … 1枚
パセリのみじん切り … 少々

1　牛肉は冷蔵庫から出して30分おいて室温に戻し、焼く直前にペーパータオルに挟んで水けを取り、両面に塩、こしょうをふり、手でしっかり押さえる。

2　フッ素樹脂加工のフライパンに油はひかずに**1**をのせ、中火で表面をゆっくり焼いていく。裏返したら5分ほど焼く。

3　オイルしょうがを加えて強火にし、しょうがの香りが出てきたら1分焼く。

4　鍋肌にAを回し入れ、レモンも加え、ジュッと煙が上がったら、すぐに牛肉を取り出す。

5　フライパンに残ったソースを器に敷き、牛肉をそぎ切りにして盛り、レモンをのせ、パセリをふる。

サラダ

万能ねぎ1本は小口切り／ミニトマト4個は半分に切る／ミントの葉1本分を手でちぎる／にんじんのせん切り3㎝分／紫玉ねぎの薄切り少々／市販のドレッシング大さじ1であえて、パセリのみじん切りをふる。

しょうが焼きうどん

材料 ■ 2人分

キャベツ … 2枚（100g）
玉ねぎ … ½個（100g）
万能ねぎ … 2本
かに風味かまぼこ … 4本
オイルしょうが … 大さじ2
ゆでうどん（冷凍）… 2袋
しょうゆ … 大さじ2
削り節 … 少々
紅しょうが … 少々

1　キャベツは3cmのざく切り、玉ねぎは1cm幅のくし形切りにし、耐熱ボウルに入れ、ふんわりとラップをかけ、電子レンジ600Wで4分加熱する。

2　万能ねぎは3cm長さに切る。かに風味かまぼこは斜め半分に切って、ほぐす。

3　フライパンにオイルしょうがを温め、香りが立ってきたら、冷凍うどんを入れ、強火でほぐしながら炒め、うどんが温まったら、**1**と**2**を加え、しょうゆを回しかけ、ジュッと音がしたら火を止める。

4　皿に盛り、削り節と紅しょうがを添える。

しょうが焼き飯

材料 ■ 2人分

オイルしょうが … 大さじ1
サラダ油 … 大さじ1
温かいご飯 … 400g
あさりの水煮缶 … 小1缶
（缶汁をきって50g）
塩、こしょう … 各少々
しょうゆ … 小さじ2
万能ねぎの小口切り … 少々

1　フライパンにサラダ油、オイルしょうがを入れて温め、ご飯を加え、強火にして炒める。

2　あさりを加えて混ぜながら炒め、塩、こしょう、しょうゆを加えていい香りが立ち、ところどころ焼き色がつくまで炒め、万能ねぎをふって火を止める。

甘酢しょうが

しょうが＋酢は日本人には親しみ深い、まさに名コンビです。寿司の相棒のガリは食中毒を予防する知恵から生まれた産物で、しょうが＋酢で強力な殺菌力が期待できます。甘酢しょうがは、そのまま漬物代わりにしたり、焼き魚に添えたり、酢の物に加えたり、いろいろ使えます。しょうがは皮に有効な成分が多いので、なるべく皮ごと使うようにすると、より効果を得ることができます。

材料 ■ 作りやすい分量／出来上がり約400g

しょうが … 200g（正味）

A
- 米酢 … 150㎖
- 水 … 50㎖
- 砂糖 … 60g
- 塩 … 小さじ1

1 しょうがはよく洗って水けを拭く。新しょうがは皮付きで、ひねしょうがは汚れているところだけ除き、1～2㎜厚さの薄切りにし、ボウルに入れる。

2 鍋にAを入れて火にかけ、煮立ったら熱いうちに、**1**のボウルに回しかける。

3 皿3枚を重石にのせ、常温まで冷ます。

4 保存瓶に移す。30分おいたら食べられる。

■常温で1年間保存できる。
■冷蔵すると酸味がまろやかになる。
■保存瓶は煮沸消毒などは必要ないが、清潔で完全に乾いたものを使用する。

酸辣湯《サンラータン》

材料 ■ 2人分

トマト … 1個（100g）
絹ごし豆腐 … 小1パック（200g）
水 … 1½カップ
A
- 甘酢しょうが … 大さじ2
- しょうゆ … 小さじ1
- 鶏がらスープの素（顆粒）… 小さじ½
- 豆板醤 … 小さじ½

片栗粉 … 小さじ2
水 … 大さじ1
卵 … 1個
こしょう … 少々

1　トマトはへたを取り、6等分のくし形に切ってそれぞれを半分に切る。豆腐は2cm角に切る。

2　鍋に水を入れ、Aを加えて火にかけ、**1**を加える。煮立ってきたら水溶き片栗粉でとろみをつける。

3　卵を溶いて流し入れ、半熟状になったら火を止める。器に盛り、こしょうをふる。

魚介のしょうがマリネ

材料 ■ 2人分

無頭えび … 4尾（40g）
ゆでだこ … 70g
いかの胴（刺身用／皮をむく）… 100g
A
- 甘酢しょうが … 大さじ4
- エクストラバージンオリーブ油 … 大さじ2
- 白ワイン（または酒）… 大さじ2
- ローリエ … 1枚
- 塩 … 小さじ½
- こしょう … 少々

ミントの葉 … 少々

1　えびは殻をむいて背わたを取る。たこはひと口大のぶつ切りにし、どちらもサッとゆでる。

2　いかの胴は5mm間隔に斜め格子状に切り込みを入れ、2×5cmほどに切る。

3　ボウルにAを合わせ、**1**、**2**を加えて混ぜたら器に盛り、ミントの葉を添える。

クイックさば缶レシピ

すでに加熱済み食材のさば缶。すぐにひと品作れます。

さばのだし風

材料 ■ 2人分

長ねぎ … 10㎝
きゅうり … 1本
さば水煮缶 … 正味60g
しょうゆ … 小さじ1
青じそ … 2枚
卵黄 … 2個

1 長ねぎ、きゅうりは粗みじん切りにする。
2 ボウルにさば缶を入れて身をほぐし、**1**としょうゆを加えて混ぜる。器に青じそとともに盛り、卵黄をのせる。

さばピーマン

材料 ■ 2人分

さば水煮缶 … 正味100g
ピーマン（赤と緑）
… 合わせて3個（100g）
A ┌ みそ … 小さじ2
　 │ 砂糖 … 小さじ1
　 │ ごま油 … 小さじ1
　 └ 豆板醤 … 少々
こしょう … 少々

1 さば缶は身をほぐす。ピーマンは半分に切って種を取り、細切りにする。
2 耐熱ボウルにAと**1**を入れてザッと混ぜ、ふんわりとラップをかける。
3 電子レンジ600Wで3分加熱する。取り出して器に盛り、こしょうをふる。

さば缶

一時は品薄になるほど人気を博したさば缶。青魚の王様といわれるさばは、良質なたんぱく質とDHA（ドコサヘキサエン酸）やEPA（エイコサペンタエン酸）など、体にうれしい栄養素をたくさん含んでいます。

DHAは脳に多く含まれる成分で、アルツハイマー病の予防・改善、認知症予防に効果があることで注目を集めています。EPAは人の体内で作ることのできない多価不飽和脂肪酸の一種。血液中のコレステロールや中性脂肪を肝臓に運び、血管内をきれいに掃除して善玉コレステロールを増やす効果があり、血液をサラサラにして動脈硬化の予防に貢献します。さらにEPAは食事の際にインスリンの分泌を促して血糖値の上昇を抑える効果があるので、血糖値が気になるという人にもおすすめです。

ビタミンDはカルシウムと一緒にとると、骨密度アップの効果が倍増して骨粗鬆症予防になります。さば缶はビタミンDが豊富で骨も一緒に食べられるのでもってこいです。また、ビタミンEやB_2、B_{12}、筋肉を作るのに役立つ必須アミノ酸・ロイシンも豊富に含んでいます。

さばとキャベツのごまあえ

材料 ■ 2人分

さば水煮缶 … 正味30g
キャベツ … 100g
A
- さば缶の汁 … 大さじ1
- 薄口しょうゆ … 小さじ1
- すりごま … 小さじ2
- ごま油 … 小さじ½

1　さば缶は身を細かくほぐす。
2　キャベツはポリ袋に入れて口は閉じずに耐熱皿にのせ、電子レンジ600Wで1分30秒加熱する。水に取って冷まし、1cm幅、4cm長さに切る。
3　Aを合わせ、さばの身と**2**を加えてあえ、器に盛る。

焼くだけ

材料 ■ 2人分

さば水煮缶 … 正味100g

さば缶をアルミケース2個にのせ、オーブントースター強で5分、上に焦げ目が付き、脂がじくじくとにじんでくるまで焼く。

さばサンド

材料 ■ 2人分

玉ねぎ … ½個
塩 … 小さじ¼
砂糖 … 小さじ2
酢 … 大さじ1
さば水煮缶 … 正味60g
バゲット（長さ10㎝）… 2個

1　玉ねぎは繊維に沿って薄切りにし、塩と砂糖を加えてしんなりするまでもみ、酢を加えてあえる。
2　さば缶は身を大きくほぐす。
3　バゲットに切り込みを入れ、**2**と **1** の汁を絞ってはさむ。

さばのトマトソースパスタ

材料 ■ 2人分

スパゲッティ（乾麺）… 150g
さば水煮缶 … 正味60g
トマトソース（市販）… ½缶
パセリのみじん切り … 少々
粉チーズ … 少々

1　スパゲッティを表示通りにゆでる。
2　さば缶は身を大きくほぐす。
3　耐熱ボウルに**2**を入れ、トマトソースを加え、ふんわりとラップをかけ、電子レンジ600Ｗで3分加熱する。
4　**3**に **1** を加えてよく混ぜ、器に盛り、パセリと粉チーズをふる。

さばの冷や汁

材料 ■ 2人分

さば水煮缶 … 正味60g
青じそ … 2枚
木綿豆腐 … 100g（小½パック）
きゅうり … ¼本
A ┌ さば缶の汁 … ¼カップ
│ 冷水 … 1カップ
│ みそ … 大さじ1
└ 白すりごま … 大さじ1
温かい発芽玄米ご飯 … 茶碗2杯

1　さば缶は身をほぐす。青じそは細かくちぎり、水に放してアクを取る。豆腐は粗く崩す。きゅうりは薄い輪切りにする。

2　ボウルにAを入れ、みそが溶けるまで混ぜる。

3　器に**2**を注ぎ、**1**を加える。熱々のご飯にかけていただく。

さば豆乳そうめん

材料 ■ 2人分

そうめん（乾麺）… 100g
さば水煮缶 … 缶汁も含み100g
トマト … 小1個（50g）
豆乳 … 1カップ
万能ねぎの小口切り … 少々
こしょう … 少々

1　そうめんは表示通りにゆでて水洗いし、ざるに上げる。

2　ボウルにさば缶を汁ごと移し、身を大きくほぐす。トマトはへたを取って乱切りにして加え、豆乳を注いで混ぜる。調味料は特に必要ない。

3　器にそうめんを盛り、**2**をかけ、万能ねぎとこしょうをふる。

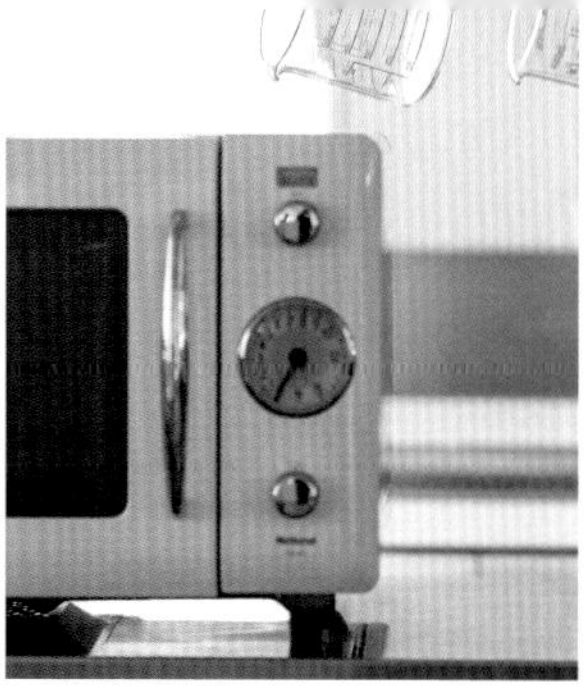

電子レンジ調理について

電子レンジ調理の研究に携わって50年がたちました。
レンジ調理をおいしく仕上げるためには、いくつか約束があることに気づきました。
電磁波で加熱するので、鍋やフライパンとはまた別のコツがあります。
それらをここでお話しします。

電子レンジは料理を簡単にしてくれます

■時短調理が可能

電磁波で効率よく食材を加熱するため、調理時間が短くてすみます。

■調味料の量が2/3で減塩調理が実現

食材が含む水分で調理をするので、加える水分は少量。しょうゆや砂糖などの調味料の使用量もいつもの2/3ですみます。

■油の使用量が控えめで体にやさしい

中華や洋食など、油を使う料理も食材の水分を利用して調理するので油の使用量が少量ですみます。

■消し忘れの心配がない

火を使わないので、うっかり消し忘れることがありません。とても安全な調理器具です。

■食材の栄養を逃さない

食品中の水分を水蒸気に換え、１００℃で加熱調理するので食材の栄養やうま味を逃しません。

■後片付けがラク

耐熱ボウルひとつで調理ができたりするので、とにかく洗い物が減ります。

■１人分でもおいしくできる

電子レンジは１人や２人分といった少量を、手早くおいしく調理するのに向いています。

電子レンジのルールがわかれば料理上手

電子レンジの加熱時間は〝100gあたり600Wの電子レンジで2分〟

家庭で使う電子レンジの多くの設定ワット数は、６００Ｗ（または５００Ｗ）です。電子レンジ調理は切り方などは関係なく、重さで加熱時間が決まります。食材の重さがわかればＯＫです。「１００ｇあたり６００Ｗの電子レンジで２分」が基本。２００ｇなら４分です。そこでレシピでは野菜も重さで表記しているところがあります。これは〝１００ｇあたり６００Ｗの電子レンジで２分〟の加熱をするためには、重量が大切だからです。必ず計量するのが加熱の失敗を防ぐコツです。また、レシピでは６００Ｗを基準にした加熱時間を表記しています。ご家庭で使用している電子レンジが６００Ｗでない場合は、表を参考に加熱時間は増減してください。

電子レンジのワット数別加熱時間

500w	600w	700w	800w
40秒	30秒	30秒	20秒
1分10秒	1分	50秒	50秒
1分50秒	1分30秒	1分20秒	1分10秒
2分20秒	2分	1分40秒	1分30秒
3分	2分30秒	2分10秒	1分50秒
3分40秒	3分	2分30秒	2分20秒
4分50秒	4分	3分30秒	3分
6分	5分	4分20秒	3分50秒
7分10秒	6分	5分10秒	4分30秒
8分20秒	7分	6分	5分20秒
9分40秒	8分	6分50秒	6分
10分50秒	9分	7分40秒	
12分	10分	8分30秒	

ラップのかけ方が大切です

電子レンジ調理ではラップは鍋調理のふたの役割を果たします。本書では3つのラップの使い方が出てきます。レシピ通りにラップをかけると失敗が防げます。

【ラップはかけない】 水分を蒸発させたい調理のときはラップなしで加熱します。

【ふんわりラップ】 ピタッとラップをするのではなく、ふんわりと容器にラップをかけます。一番用途の多いかけ方です。

【両端を開けてラップ】 両端を5㎜ほど開けてラップをかけます。おねばの出る炊飯や吹きこぼれやすい牛乳を使った料理で使います。

ターンテーブルの有無で置く場所を変えます

ターンテーブルの有無によって加熱する際、容器の置く場所が変わってきます。

【ターンテーブルなし】 容器を中央に置きます。レンジの底の下に加熱のためのマグネトロンがあるので、下側の火力が強くなります。容器の下に皿を1枚敷いてから耐熱容器をのせると加熱ムラが起きません。

【ターンテーブルあり】 中央は電磁波が一番効きづらい場所。耐熱容器はターンテーブルの縁に沿って置きます。ただし、材料を入れた容器が大きいボウルなどのときは、ターンテーブルの中央に置きます。

皮があるものは切り目を入れて破裂を防ぎます

皮や膜がある魚や鶏肉、ウインナーなどはレンジ加熱すると破裂しやすいので、包丁で切り目を入れたりフォークで突いて穴を開けておきます。食材が含む水分はレンジ加熱で1700倍の体積の水蒸気に変わります。切り目を作っておかないと水蒸気が行き場を失って破裂します。

加熱の途中で見てみるのもよい方法です

鍋で調理するときは時々中身を見て煮え具合を確認しますが、電子レンジもときには加熱時間を自分なりに調節してみてください。たとえば直前に電子レンジを使って続けて使う際などは、庫内が温まっていて早く加熱されることがあります。表示通りでも少し加熱が足りないときもあります。鍋のふたを開けて煮えかげんを見るように、途中で加熱具合を見るとよいです。

加熱したらすぐに取り出すのを忘れずに

加熱が終わりアラームが鳴ったら、すぐにレンジから取り出します。加熱は終わっても庫内には電磁波が残っているので加熱が進みます。チン！と鳴って入れっぱなしにしておくと、肉や魚は硬くなり、野菜の色は悪くなり、茶碗蒸しなどは「す」が入ってしまいます。

加熱後は熱いうちにかき混ぜるのが基本です

電子レンジはだしや水は加えなくても調理できます。「肉に調味料をからめてから加熱」というレシピもありますが、多くのレシピでは食材と調味料は混ぜずに加熱してください。加熱後、取り出して柔らかくなった食材と調味料を混ぜます。こうすることで味が均一になり、また冷めていく間に味がしみ込んでいき、おいしくなります。

電子レンジを使ったら庫内はお掃除します

電子レンジに使われている電磁波は塩分が大好きです。庫内に調味料の飛び散りが残っていると、電磁波が集まり、食材の加熱はその後に、ということは庫内が汚れていると加熱時間がよけいにかかることになります。鍋やフライパンは使ったら必ず洗います。電子レンジも使ったら庫内をきれいに拭いておくといつも同じ時間で調理できます。

村上 祥子／むらかみ さちこ

料理研究家。管理栄養士。公立大学法人福岡女子大学客員教授。

1985年より福岡女子大学で栄養指導講座を担当。治療食の開発をきっかけに電子レンジに着目。以来、電子レンジ調理に精通した第一人者として注目される。糖尿病、生活習慣病予防のための食事をはじめ、電子レンジのテクニックを駆使した「早・うま・カンタン料理」や電子レンジ発酵パンなども開発。近年は著書『60歳からはラクしておいしい頑張らない台所』（大和書房）が、料理レシピ本大賞2020エッセイ賞を受賞するなど、現役高齢料理家としての生き方にも注目が集まっている。公立大学法人福岡女子大学にある「村上祥子料理研究資料文庫」の50万点の資料は一般公開されている。2023年には外部から検索できるようになる。

http://www.murakami-s.jp

祥子《さちこ》さんこの知恵《ちえ》、いただきます

2021年1月30日 第1刷発行
2021年12月25日 第5刷発行

著　者　村上祥子《むらかみさちこ》
発行者　渡辺能理夫
発行所　東京書籍株式会社
東京都北区堀船2-17-1 〒114-8524
電 話 03-5390-7531（営業）
03-5390-7508（編集）

印刷・製本　図書印刷株式会社

ISBN978-4-487-81365-0 C2077

アートディレクション … 昭原修三
デザイン … 植田光子
撮影 … 広瀬貴子
スタイリング … 肱岡香子
編集 … 石井美佐
プリンティングディレクター … 栗原哲朗（図書印刷）

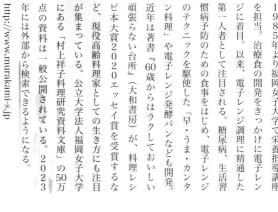